J.PLEYERS J.MARTIN

XAN

L'OR DE LA MORT

UNE HISTOIRE DU JOURNAL TINTIN

EDITIONS DU LOMBARD
BRUXELLES PARIS

D 1984/0086/1726

Dépôt légal : Février 1984
ISBN 2-8036-0439-6

Imprimé en Belgique par Proost sprl.

EN CE PRINTEMPS DE L'AN 1431, LES EAUX HAUTES DE LA SEINE CHARRIENT ENCORE QUANTITÉ D'ALLUVIONS ET D'ÉPAVES ARRACHÉES AUX CHAMPS ET FORÊTS. UN COURANT VIOLENT FAIT DE TEMPS À AUTRE TREMBLER LE GRAND PONT DE ROUEN ET SEULS LES BATELIERS EXPÉRIMENTÉS S'AVENTURENT SUR LE FLEUVE.
DEPUIS DE LONGUES ANNÉES, LES ANGLAIS SONT MAÎTRES DE LA VILLE ET, IL Y A PEU, ILS ONT FORTEMENT RENFORCÉ LA GARNISON. QUELQUES RARES PORTES SONT OUVERTES POUR LAISSER PÉNÉTRER LE RAVITAILLEMENT.
ÉTROITEMENT SURVEILLÉS PAR DES SOLDATS, LES CONVOIS SONT ENCORE ARRÊTÉS, PUIS FOUILLÉS MÉTICULEUSEMENT À L'ENTRÉE DE LA CITÉ.
ET UN SOIR ...
MESSIRE SERGENT ??... C'EST LE BOIS POUR L'ÉGLISE DE GRAND COURONNE, EN AVAL. LES CONVOYEURS SONT GENS HONNÊTES ET BIEN CONNUS.
BON ! LAISSE PASSER.
NOUS ALLONS ACCOSTER, LÀ, PRÈS DE LA TOUR GROSSE.
PERSONNE NE PEUT RESTER ICI. LORSQUE VOTRE RADEAU SERA ARRIMÉ, VOUS ME SUIVREZ.
ENTENDU, COMPÈRE SOLDAT ! ... ON ARRIVE.
ET EN PLEINE NUIT...
CRRRRRRR

CHUT !...
PAR-LÀ !..EN SILENCE !
PUIS, QUELQUES INSTANTS PLUS TARD...
QUE REGARDES-TU LÀ ?.. QUE SE PASSE-T-IL ?...
J'AI ENTENDU COMME DES VOIX ÉTOUFFÉES !
C'EST CE RADEAU DE POUTRES QUI FROTTE CONTRE CES PIERRES !... AVEC CE COURANT !..
J'AIME MIEUX ÇA !
ET LE LENDEMAIN MATIN.
LÀ-BAS AU BOUT, VOUS VERREZ MIEUX ... TENEZ-VOUS À L'ÉCHAFAUDAGE.
REGARDEZ DISCRÈTEMENT: C'EST LA FENÊTRE OÙ IL Y A DE LA LUMIÈRE EN PERMANENCE.
SI C'EST PAR CURIOSITÉ QUE VOUS ÊTES **VENUS** LÀ, VOUS FERIEZ MIEUX DE FILER ... IL N'EST PAS BIEN **SEYANT** DE VENIR SE REPAÎTRE DE LA MISÈRE DU MEILLEUR SOLDAT DE FRANCE.

AH! C'EST TOI !... EH BIEN VIENS DONC NOUS REJOINDRE, CAR CES AMIS ONT BIEN BESOIN DE CONSEILS PRATIQUES.
MILLE PARDONS, MES BEAUX SIRES, JE PLAISANTAIS !.. J'ARRIVE CÉANS.
C'EST LE GARÇON DONT ON NOUS A PARLÉ ?...
SI FAIT. LE PLUS FAMEUX TAILLEUR DE PIERRE DU ROYAUME: MÊME MIEUX QUE CELA, UN SCULPTEUR DE TALENT. EN PLUS IL SAIT FAIRE TELLEMENT DE CHOSES QU'IL M'EST DIFFICILE DE VOUS DIRE DANS QUEL EXERCICE IL EST LE MEILLEUR.
UN HOMME DE TOUTE CONFIANCE, QUOI !
TU PEUX LUI EN ACCORDER PLUS QU'À MOI-MÊME ; C'EST TOUT DIRE !
VOICI XAN LARC ... EN FAIT IL SE PRÉNOMME YAN MAIS UNE CERTAINE FAÇON DE TRAITER NOS ENNEMIS LUI A VALU CE SURNOM.
OUI. J'ESPÈRE NE PAS LE MÉRITER ENCORE EN VOTRE COMPAGNIE CAR NOUS ALLONS NOUS LANCER DANS UNE GRANDE AVENTURE, N'EST-CE PAS ?
CERTES, NOUS SOMMES LÀ POUR ÇA.
EH BIEN J'AI LONGUEMENT ÉTUDIÉ L'AFFAIRE. LE MEILLEUR MOYEN D'ARRIVER AU BUT EST DE PASSER PAR LES TOITS... LES ANGLAIS ONT RENFORCÉ LEURS GARDES ET LES RONDES CIRCULENT SANS CESSE DANS LES RUES. MAIS ILS SERONT EN BAS ET NOUS EN HAUT.
ET LE SOIR VENU ...
TROP COURT !
PRENEZ GARDE, JE RECOMMENCE !
ÇA Y EST !
BON, ASSURONS LA PRISE ... JE VAIS Y ALLER. DÈS QUE J'AURAI ATTEINT LA TOUR, VOUS ME SUIVREZ DANS L'ORDRE.
!?

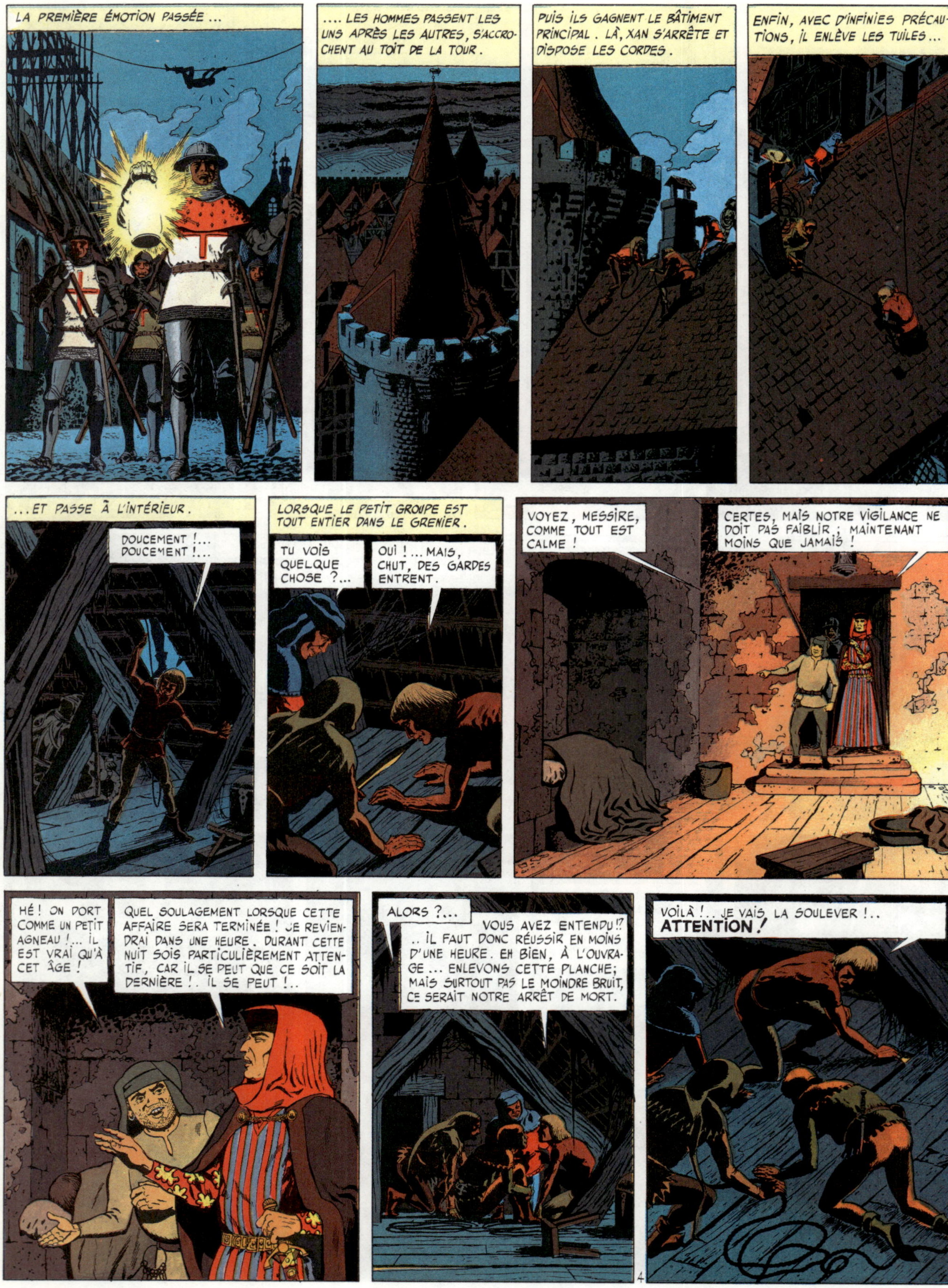

LA PREMIÈRE ÉMOTION PASSÉE ...
.... LES HOMMES PASSENT LES UNS APRÈS LES AUTRES, S'ACCROCHENT AU TOIT DE LA TOUR .
PUIS ILS GAGNENT LE BÂTIMENT PRINCIPAL . LÀ, XAN S'ARRÊTE ET DISPOSE LES CORDES .
ENFIN, AVEC D'INFINIES PRÉCAUTIONS, IL ENLÈVE LES TUILES ...
... ET PASSE À L'INTÉRIEUR .
DOUCEMENT !... DOUCEMENT !...
LORSQUE LE PETIT GROUPE EST TOUT ENTIER DANS LE GRENIER .
TU VOIS QUELQUE CHOSE ?...
OUI ! ... MAIS, CHUT, DES GARDES ENTRENT.
VOYEZ, MESSIRE, COMME TOUT EST CALME !
CERTES, MAIS NOTRE VIGILANCE NE DOIT PAS FAIBLIR ; MAINTENANT MOINS QUE JAMAIS !
HÉ ! ON DORT COMME UN PETIT AGNEAU !... IL EST VRAI QU'À CET ÂGE !
QUEL SOULAGEMENT LORSQUE CETTE AFFAIRE SERA TERMINÉE ! JE REVIENDRAI DANS UNE HEURE . DURANT CETTE NUIT SOIS PARTICULIÈREMENT ATTENTIF, CAR IL SE PEUT QUE CE SOIT LA DERNIÈRE ! . IL SE PEUT !..
ALORS ?...
VOUS AVEZ ENTENDU !? .. IL FAUT DONC RÉUSSIR EN MOINS D'UNE HEURE . EH BIEN, À L'OUVRAGE ... ENLEVONS CETTE PLANCHE ; MAIS SURTOUT PAS LE MOINDRE BRUIT, CE SERAIT NOTRE ARRÊT DE MORT .
VOILÀ !.. JE VAIS LA SOULEVER !..
ATTENTION !

MAINTENANT À LA GRÂCE DE DIEU ! JE SAUTE !
IL EST SOUPLE COMME UN CHAT, CE GAILLARD !
BONNE RECRUE EN VÉRITÉ. SANS LUI NOUS N'AURIONS PU PARVENIR AU BUT SI FACILEMENT.
VOICI LA CORDE.
ÇA VA !.. SILENCE !
HÉ ! HÉ !.. RÉVEILLE-TOI ET ... MAIS !?.. QU'EST-CE QUE ?...
DES CHIFFONS !?.... DES LOQUES !?... UNE PERRUQUE !?.. PAR TOUS LES SAINTS DU PARADIS !.. DÉCIDÉMENT LES ANGLAIS SERONT TOUJOURS MAÎTRES FOURBES !
EH BIEN, IL NE RESTE PLUS QU'À TOUT REMETTRE PLUS OU MOINS EN ÉTAT.
VOILÀ !.. C'EST À PEU PRÈS ÇA !... DU BRUIT !?.. DES PAS !
VITE, XAN !.. VITE !..
CLING
CLANG
CLAK

TOUT EST CALME, MESSIRE!
VOILÀ QUI EST ÉTRANGE !?.. J'AURAIS POURTANT JURÉ QU'AU MOINS UN DES ANCIENS COMPAGNONS DE CETTE CRÉATURE ALLAIT TENTER QUELQUE CHOSE ... MAIS NON !... SERAIENT-ILS DEVENUS TOUS COUARDS ?
ET QUELQUES INSTANTS PLUS TARD.
APPAREMMENT RIEN N'A BOUGÉ, MESSIRE.
APPAREMMENT; MAIS IL NE FAUT PAS SE FIER AUX APPARENCES! NOUS AUTRES ANGLAIS NE NOUS FIONS À RIEN .. ALORS EXAMINEZ TOUT, ATTENTIVEMENT.
IL FAUDRA VOIR LE GRENIER, LES TOITS ... DE FOLS AUDACIEUX POURRAIENT VOULOIR Y PASSER !
HÂTEZ-VOUS !
JE VOUS COUVRE, ALLEZ-Y.
TCHAK
ET UNE HEURE PLUS TARD.
APRÈS LE PASSAGE DE CETTE PATROUILLE NOUS TOUCHERONS AU BUT.
PUIS LORSQU'UNE AUBE BLAFARDE ÉCLAIRE LES MURAILLES.
PRESSONS ! IL Y A UNE CHANCE SUR DEUX POUR QU'UN SOLDAT ANGLAIS NOUS DÉCOUVRE.

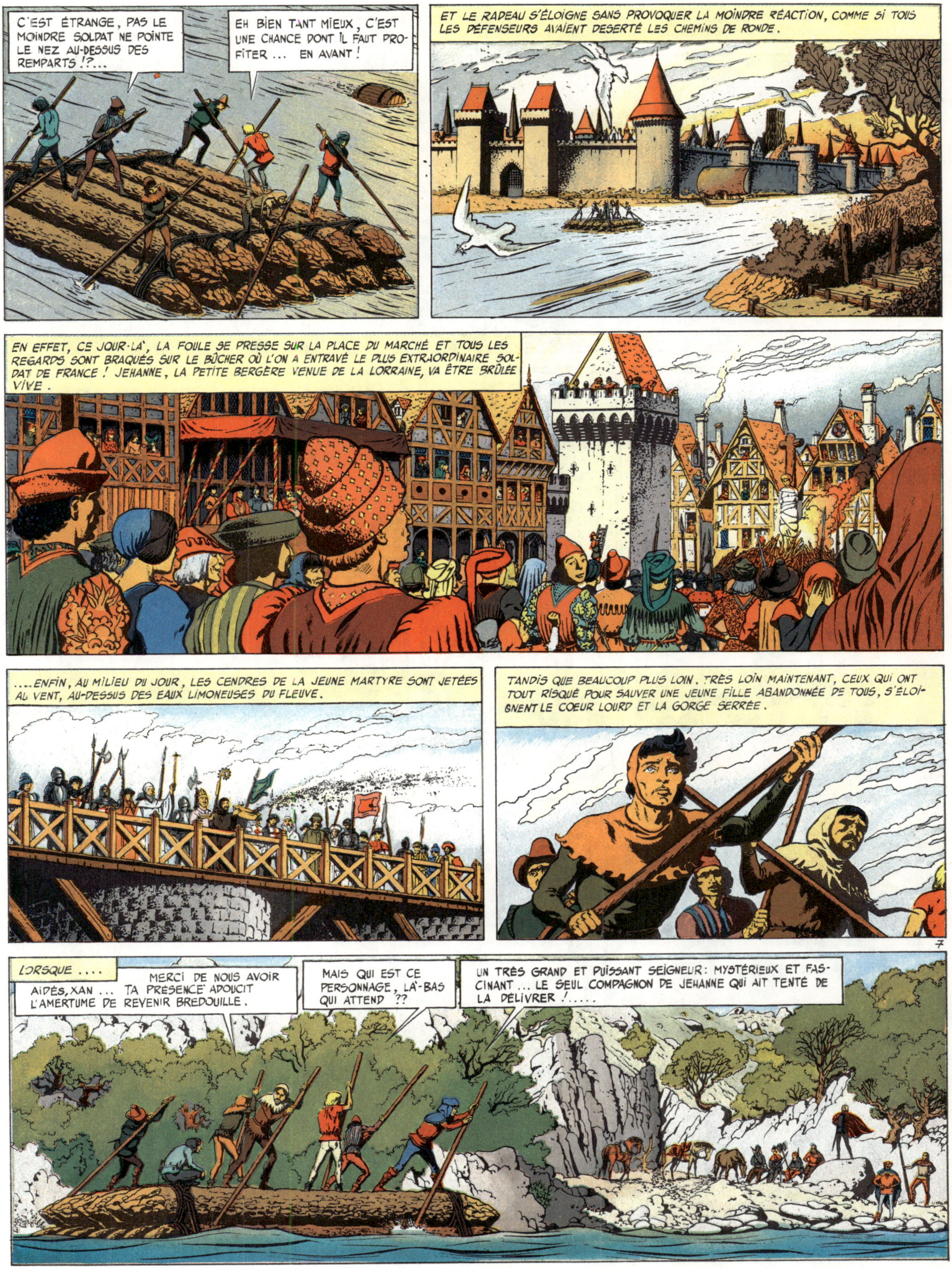
C'EST ÉTRANGE, PAS LE MOINDRE SOLDAT NE POINTE LE NEZ AU-DESSUS DES REMPARTS !?...
EH BIEN TANT MIEUX, C'EST UNE CHANCE DONT IL FAUT PROFITER ... EN AVANT !
ET LE RADEAU S'ÉLOIGNE SANS PROVOQUER LA MOINDRE RÉACTION, COMME SI TOUS LES DÉFENSEURS AVAIENT DÉSERTÉ LES CHEMINS DE RONDE.
EN EFFET, CE JOUR-LÀ, LA FOULE SE PRESSE SUR LA PLACE DU MARCHÉ ET TOUS LES REGARDS SONT BRAQUÉS SUR LE BÛCHER OÙ L'ON A ENTRAVÉ LE PLUS EXTRAORDINAIRE SOLDAT DE FRANCE ! JEHANNE, LA PETITE BERGÈRE VENUE DE LA LORRAINE, VA ÊTRE BRÛLÉE VIVE.
....ENFIN, AU MILIEU DU JOUR, LES CENDRES DE LA JEUNE MARTYRE SONT JETÉES AU VENT, AU-DESSUS DES EAUX LIMONEUSES DU FLEUVE.
TANDIS QUE BEAUCOUP PLUS LOIN. TRÈS LOIN MAINTENANT, CEUX QUI ONT TOUT RISQUÉ POUR SAUVER UNE JEUNE FILLE ABANDONNÉE DE TOUS, S'ÉLOIGNENT LE COEUR LOURD ET LA GORGE SERRÉE.
LORSQUE ....
MERCI DE NOUS AVOIR AIDÉS, XAN ... TA PRÉSENCE ADOUCIT L'AMERTUME DE REVENIR BREDOUILLE.
MAIS QUI EST CE PERSONNAGE, LÀ-BAS QUI ATTEND ??
UN TRÈS GRAND ET PUISSANT SEIGNEUR: MYSTÉRIEUX ET FASCINANT ... LE SEUL COMPAGNON DE JEHANNE QUI AIT TENTÉ DE LA DÉLIVRER !.....

L'ÉCHEC EST UN FIEL QUI RONGE LES COEURS... SAUF LORSQU'ILS SONT GRANDS. ALORS CETTE MAUVAISE LIQUEUR SE DISSOUT BIEN VITE POUR FAIRE PLACE À L'ESPOIR ET LA RÉSOLUTION. C'EST CE QUI SE PASSA LORSQUE XAN RENCONTRA CELUI QUI, SEUL AU MONDE, AVAIT TENTÉ DE DÉLIVRER JEHANNE.
SOUS CES HUMBLES VÊTEMENTS SE CACHE LE PLUS GRAND SEIGNEUR DE FRANCE, LE PLUS BRILLANT SOLDAT, LE GRAND CONNÉTABLE DU ROYAUME : GILLES DE LAVAL, MARESCHAL DE FRANCE, SIRE DE RAIS.
CELA SUFFIT, BRIQUEVILLE.
XAN, NOUS AVONS ENCORE BEAUCOUP À FAIRE CONTRE L'ANGLAIS ET IL FAUT CHÂTIER, AVANT TOUT, CEUX QUI ONT VENDU LA MALHEUREUSE PETITE LORRAINE À CES LOUPS VENUS D'ANGLETERRE ... ET CES POURCEAUX SURGIS DE NOTRE SOL. TU NE PEUX RETOURNER DÉSORMAIS À ROUEN, ALORS, VEUX-TU FAIRE PARTIE DE MA COMPAGNIE ?...
AVEC JOIE !..
EH BIEN EN ROUTE LES AMIS. JE CROIS QUE NOUS AVONS FAIT LÀ UNE EXCELLENTE RECRUE. SUS DONC AUX TRAÎTRES QUI ONT LIVRÉ NOTRE CHÈRE JEHANNE À NOS DAMNÉS ADVERSAIRES.
ET COMME UNE TROUPE D'ÉCORCHEURS DE GRAND CHEMIN LA SUITE DU PLUS CONSIDÉRABLE SEIGNEUR QUI SOIT SE MET EN MARCHE.
PUIS-JE VOUS DEMANDER, MESSIRE, DE QUELLE FAÇON VOUS COMPTEZ TROUVER CES NOUVEAUX ENNEMIS ?
SÛR !.. BIEN DES LANGUES SE DÉLIENT, BEAUCOUP DE BRAS ET DE JAMBES S'ACTIVENT ET COMBIEN DE REGARDS S'AIGUISENT POUR DE L'OR - L'OR !
TIENS ! TU VAS EN AVOIR LA PREUVE DANS CE HAMEAU, LÀ-BAS !

LES ANGLAIS ONT ENVOYÉ DES SOLDATS SUR LA ROUTE DE NEUVILLE. DANS CHAQUE VILLAGE ILS ONT LAISSÉ DES HOMMES, COMME S'ILS VOULAIENT ÉTABLIR DES RELAIS.
QUE VOILÀ UNE NOUVELLE INTÉRESSANTE, L'AMI. PRENDS CETTE BOURSE POUR TA RÉCOMPENSE ...
EUH ! TU DONNERAS DES PIÈCES AUX JOUVENÇEAUX QUE VOILÀ. LORSQUE LA GUERRE LE PERMETTRA JE REVIENDRAI EN CE PAYS AFIN DE CHOISIR QUELQUES PAGES. ILS SONT FORT PLAISANTS.
ONT-ILS DE BELLES VOIX, AU MOINS ? JE SONGE À ÉDIFIER UNE GRANDE CHAPELLE ET À Y ÉTABLIR UNE CHORALE.
À VOTRE RETOUR, NOBLE SEIGNEUR, CES ENFANTS SERONT PRÊTS À VOUS SERVIR.
ET LES PAYSANS REGARDENT, EN SILENCE, S'ÉLOIGNER L'ESCORTE DE CE PERSONNAGE À L'OR SI FACILE.
PUIS, LE SOIR VENU ...
BON COMPAGNON, PARDONNE LA FRUGALITÉ DE CE REPAS MAIS, PLUS TARD, LORSQUE NOUS SERONS DANS MES DOMAINES JE T'OFFRIRAI DES BANQUETS AFIN D'OUBLIER CES PÂLES MENUS.
JE NE VOUS AI PAS SUIVI POUR FESTOYER, SIRE MARESCHAL, MAIS POUR GUERROYER L'ANGLAIS QUI OCCUPE MAUVAISEMENT LE PAYS.
HÉ !.. VENEZ VOIR !... IL Y A UN CURIEUX CORTÈGE QUI PÉNÈTRE DANS CE BOURG.
PAR LA VIERGE SAINTE, C'EST LA SUITE D'UN ÉVÊQUE, PARDI !.. QUOI D'EXTRAORDINAIRE !
EN ÊTES-VOUS SI SÛR, MESSIRE ?....
9

POURQUOI CE DOUTE, L'AMI ?
IL Y A TROP DE GENS EN ARMES ET TROP DE BANNIÈRES D'ÉGLISE POUR L'ESCORTE D'UN ECCLÉSIASTIQUE ! CE N'EST POINT LÀ LEUR COUTUME.
TU AS PEUT-ÊTRE RAISON ! NOUS VÉRIFIERONS CELA DEMAIN.
ET TANDIS QUE LE CORTÈGE PÉNÈTRE DANS LA PETITE VILLE...
....LES ÉDILES SE PRÉCIPITENT AU DEVANT D'UN PERSONNAGE AUSSI IMPORTANT.
VOUS AUREZ LA CHARGE DE NOURRIR ET D'HÉBERGER CONVENABLEMENT NOS GENS. QUANT À NOUS, MON MAJORDOME VOUS DONNERA LA LISTE DES BIENS INDISPENSABLES À NOTRE SÉJOUR.
MALGRÉ CES TEMPS DIFFICILES NOUS FERONS TOUT NOTRE POSSIBLE, MONSEIGNEUR.
LE LENDEMAIN, DANS LES FRIMAS DE L'AUBE, L'ESCORTE REPART AU SOULAGEMENT SILENCIEUX DES CITADINS.
QUE VOILÀ UNE HALTE AGRÉABLE, MON CHER GONZAGUE !
FORMONS DES VŒUX POUR QU'IL EN SOIT TOUJOURS AINSI ! HÉ ! MAIS QU'EST-CE QUE ?..
UNE TROUPE DE GENS EN ARMES SUIT NOTRE CONVOI DEPUIS LE BOURG !
PALSAMBLEU ! C'EST MA FOI VRAI !.. IL EST ENCORE TEMPS DE REBROUSSER CHEMIN AFIN DE SE RÉFUGIER DERRIÈRE LES REMPARTS DE LA CITÉ.
TROP TARD. VOICI UN CAVALIER QUI VIENT VERS NOUS.
PLACE, C'EST À L'ÉVÊQUE QUE JE VEUX PARLER !

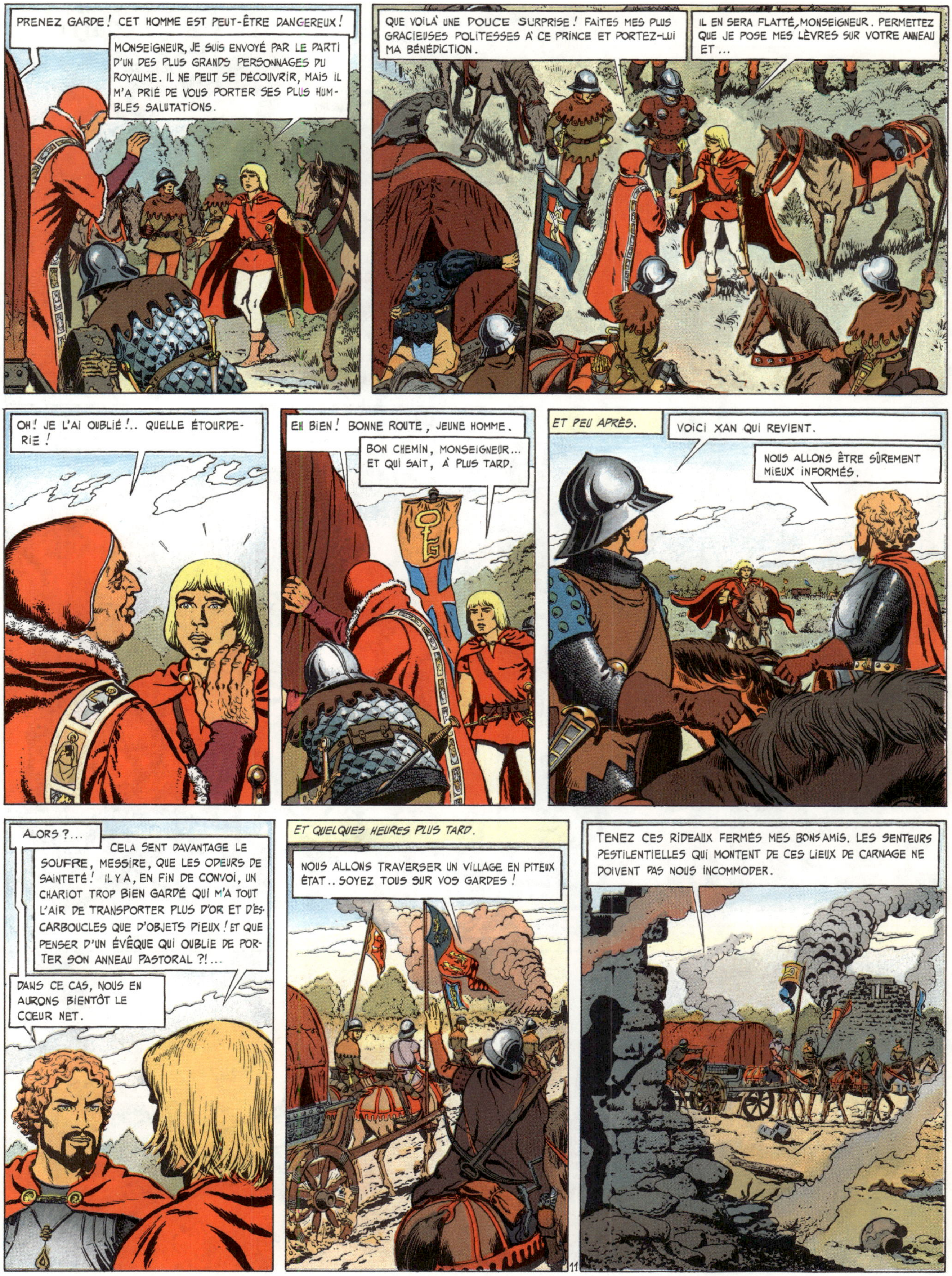
PRENEZ GARDE ! CET HOMME EST PEUT-ÊTRE DANGEREUX !
MONSEIGNEUR, JE SUIS ENVOYÉ PAR LE PARTI D'UN DES PLUS GRANDS PERSONNAGES DU ROYAUME. IL NE PEUT SE DÉCOUVRIR, MAIS IL M'A PRIÉ DE VOUS PORTER SES PLUS HUMBLES SALUTATIONS.
QUE VOILÀ UNE DOUCE SURPRISE ! FAITES MES PLUS GRACIEUSES POLITESSES À CE PRINCE ET PORTEZ-LUI MA BÉNÉDICTION.
IL EN SERA FLATTÉ, MONSEIGNEUR. PERMETTEZ QUE JE POSE MES LÈVRES SUR VOTRE ANNEAU ET ...
OH ! JE L'AI OUBLIÉ !.. QUELLE ÉTOURDERIE !
EH BIEN ! BONNE ROUTE, JEUNE HOMME.
BON CHEMIN, MONSEIGNEUR... ET QUI SAIT, À PLUS TARD.
ET PEU APRÈS.
VOICI XAN QUI REVIENT.
NOUS ALLONS ÊTRE SÛREMENT MIEUX INFORMÉS.
ALORS ?...
CELA SENT DAVANTAGE LE SOUFRE, MESSIRE, QUE LES ODEURS DE SAINTETÉ ! IL Y A, EN FIN DE CONVOI, UN CHARIOT TROP BIEN GARDÉ QUI M'A TOUT L'AIR DE TRANSPORTER PLUS D'OR ET D'ESCARBOUCLES QUE D'OBJETS PIEUX ! ET QUE PENSER D'UN ÉVÊQUE QUI OUBLIE DE PORTER SON ANNEAU PASTORAL ?!...
DANS CE CAS, NOUS EN AURONS BIENTÔT LE COEUR NET.
ET QUELQUES HEURES PLUS TARD.
NOUS ALLONS TRAVERSER UN VILLAGE EN PITEUX ÉTAT.. SOYEZ TOUS SUR VOS GARDES !
TENEZ CES RIDEAUX FERMÉS MES BONS AMIS. LES SENTEURS PESTILENTIELLES QUI MONTENT DE CES LIEUX DE CARNAGE NE DOIVENT PAS NOUS INCOMMODER.
11

ATTENTION !.. C'EST LA CHARRETTE LA MIEUX GARDÉE !.. À MON ORDRE ..
A L'ASSAUT !..
ET TANDIS QUE GILLES DE RAIS ET XAN LANCENT LEURS CAVALIERS À L'ATTAQUE DES DEUX EXTRÉMITÉS DU CONVOI ..
...LA LUTTE FAIT RAGE AU CENTRE.
JE L'AI !.. DIABLE ! QUE C'EST LOURD ! C'EST UN TRÉSOR QUI DOIT VALOIR SON PESANT D'OR.
MAIS, COMME DANS BIEN DES BATAILLES, LA CONFUSION RÈGLE LE SORT DES ARMES DE FAÇON HASARDEUSE ET IMPRÉVISIBLE !
12
PROFITANT DU FLOTTEMENT DES COMBATS, LES GARDES DE L'ÉVÊQUE DÉGAGENT LES CHARIOTS ET POUSSENT LES CHEVAUX EN AVANT, DANS UNE FOLLE GALOPADE.

LES PENDARDS ! ILS NOUS ÉCHAPPENT... VITE !...
NON ! D'ABORD REGROUPER NOS HOMMES. ENSUITE NOUS VERRONS À ADOPTER UNE NOUVELLE STRATÉGIE.
MESSIRE ! VOYEZ QUEL DÉSASTRE !.. LE VALEUREUX LUCIAN A TROUVÉ LA CAMARDE (1) DANS SON ENVOL FOUGUEUX. IL TENAIT LE COFFRE MYSTÉRIEUX LORSQU'ELLE L'A FAUCHÉ.
CE QUI L'A OCCIS, C'EST PLUTÔT LA DAGUE DE CE DAMNÉ ESCORTEUR.
CE FRIPON REMUE. QUESTIONNONS-LE.
ALORS, MARAUD ? PARLE. QUE CONTIENT CE COFFRE ET À QUI EST-IL DESTINÉ ?..
EH BIEN !? NE NOUS FAIS POINT LANGUIR, SANS QUOI MES GENS POURRAIENT ENCORE TE TRIPAILLER MÉCHANTEMENT AVANT DE T'EXPÉDIER EN ENFER.
DE L'OR !.. L'OR DE LA MALÉDICTION !.. L'OR DE LA MORT ... LE PRIX DE JEHANNE... L'ÉVÊQUE LE PORTE À CELUI QUI A VENDU LA FILLE... MAIS JE NE SAIS QUI !.. AYEZ PITIÉ, MESSIRE !.
AINSI, TU AS VU JUSTE, XAN : CES GENS PORTENT LE PRIX DE LA TRAHISON À UN PERSONNAGE DE FRANCE. CELUI QUI A VENDU LA MALHEUREUSE PUCELLE À L'ANGLAIS. IL ME FAUT CET HOMME.
POUR DÉCOUVRIR CELUI-LÀ, MESSIRE, NE CROYEZ-VOUS PAS QUE LE MIEUX EST DE SUIVRE HABILEMENT LE CONVOI ?...
SANS DOUTE, L'AMI !.. SANS DOUTE !
PENDANT QUE, DANS LE GRAND CHARIOT...
CETTE AGRESSION EST-ELLE LE FAIT DE BANDITS DE GRAND CHEMIN, OU D'UN PARTI DU ROY DE FRANCE ?
DU ROY ? IMPOSSIBLE ! JE PEUX LE CERTIFIER.
ALORS IL FAUT REDOUBLER DE VIGILANCE. NOUS SOMMES ENCORE LOIN D'ÊTRE ARRIVÉS À DESTINATION ET NE POUVONS POINT PERDRE TROP D'HOMMES. ALORS, MÉFIANCE ! MÉFIANCE !...

(1) LA MORT.

CE MATIN-LÀ, À SAINT BENOÎT DE MONTLUR, LE PORTIER DE L'ABBAYE A LA SURPRISE D'OUVRIR LE GRAND PORTAIL À UN ÉQUIPAGE QU'IL N'AVAIT JAMAIS VU : LA SUITE D'UN ÉVÊQUE !
L'ABBÉ, QU'ON EST ALLÉ QUÉRIR D'URGENCE, SE HÂTE D'ACCUEILLIR CET HÔTE DE MARQUE.
ET POUR VOTRE MESSE, MONSEIGNEUR ?
JE LA CÉLÉBRERAI DANS LA CHAMBRE ... CEPENDANT, JE PUIS VOLONTIERS ASSISTER À UN OFFICE DANS VOTRE ABBATIALE.
DANS UNE PAIRE D'HEURES, MONSEIGNEUR.
IL SERAIT FÂCHEUX DE TRÉBUCHER SI PRÈS DU BUT. DE LA PRUDENCE !
CONFIANCE ! TOUT IRA BIEN.
CE SONT LES AFFAIRES PERSONNELLES DE L'ÉVÊQUE.
AH ! FAITES DONC, MON FRÈRE.
VOICI VOTRE APPARTEMENT, MONSEIGNEUR.
C'EST PARFAIT !
CEPENDANT, PEU APRÈS CES ÉVÉNEMENTS, LE PÈRE ABBÉ EST BIEN SURPRIS D'ÊTRE MANDÉ À NOUVEAU AFIN D'ACCUEILLIR ENCORE UN PERSONNAGE DE MARQUE.
MON PÈRE, VEUILLEZ PARDONNER NOS ACCOUTREMENTS, MAIS LA GUERRE EN EST RESPONSABLE... VOICI GILLES DE LAVAL, SIRE DE RAIS, CONNÉTABLE DE FRANCE.
BEAU SEIGNEUR, DAIGNEZ VOUS REPOSER UN PEU ET NOUS FAIRE LA GRÂCE D'ASSISTER À L'OFFICE QUE NOUS ALLONS DONNER DANS QUELQUES INSTANTS.
CERTES, NOUS IRONS.
ET DANS L'ÉGLISE ...
ATTENTION ! NE NOUS DÉCOUVRONS PAS TROP VITE !
LÀ-BAS, MESSIRE, VOYEZ !...

(1) COMÉDIES MOYENNAGEUSES.

HAAAH !.. C'EST ... LE DIABLE !... OUI LE DÉMON !.. ... ARRIÈRE, SATAN !...
SACRILÈGE !... SACRILÈGE ! QUE L'ON CHASSE CES SUPPÔTS DE L'ENFER.
J'Y VAIS !...
NON, JE VAIS LEUR PARLER !...
MOI, GILLES DE LAVAL, SEIGNEUR DE RAIS, MARÉCHAL DE FRANCE, JE VOUS ORDONNE DE VOUS TAIRE ... MAIS FAITES DONC SILENCE, BANDE DE BRAILLARDS.
PEINE PERDUE !.. LES MOINES HORS D'EUX, S'ÉGAILLENT EN HURLANT ET GESTICULANT DE PLUS BELLE TANDIS QUE LE PÈRE ABBÉ SE FRAIE UN CHEMIN VERS L'AUTEL.
MAINTENANT, JE T'EN CONJURE, SIRE DE RAIS, FAIS-MOI PLACE. JE VAIS ALLER RÉDUIRE CET "ÉVÊQUE DU DIABLE"... REJOINS-MOI AVEC TES HOMMES PAR LA NEF.
MAIS QUE VAS-TU FAIRE ?...
ALLONS !... POUR JEHANNE !...
RHAAH !
16

MAINTENANT... TU VAS PARLER... NOUS AVONS PEU DE TEMPS !... DÉPÊCHE-TOI, SINON JE VAIS T'ENVOYER REJOINDRE BELZÉBUTH, DIRECTEMENT !...
NOON !...
SCANDALE !... MAIS VOUS AVEZ TOUS PERDU LA TÊTE !...TRANSFORMER AINSI NOTRE SAINTE ÉGLISE EN CHAMP DE BATAILLE !...PAR LA VIERGE ET TOUS LES SAINTS, ARRÊTEZ !...
ALORS ?...
À GILLES DE RAIS ... JE DIRAI TOUT AU MARÉCHAL.
LE VOICI JUSTEMENT... HÂTE-TOI !...
QU'IL APPROCHE !...
QUOI !?

OR ÇA ! VOICI UNE BIEN TERRIBLE RÉVÉLATION, BONHOMME !... SI TU ES ÉVÊQUE, TU DOIS SAVOIR BELLEMENT LIRE ET ENCORE MIEUX ÉCRIRE ... EH BIEN, TU VAS ME GRIBOUILLER CELA SUR UN BON PARCHEMIN.
MAIS !?... C'EST-À-DIRE QUE !?...
PAR-LÀ !... MESSIRE L'ABBÉ VA SE FAIRE UN PLAISIR DE NOUS PROCURER TOUT CE QU'IL FAUT.
TOI, DEBOUT !... J'AI EMPRUNTÉ TES ARMES, NOBLE GUERRIER, ET JE TE LES BAILLERAI LORSQUE NOUS PARTIRONS.
TIENS ! L'ÉCRITOIRE LA PLUS FINE DU COUVENT ... JE T'EN PRIE !...
VOYONS, CE N'EST PAS ...
Si !...
OU TU ÉCRIS, OU JE T'ENFONCE MA DAGUE DANS CE GRAS QUI T'ENCOMBRE.
IL LE SENTIRAIT À PEINE ! HÉ ! HÉ !
VOILÀ !
PARFAIT ! DONNE-MOI CELA.
J'IGNORE ENCORE L'USAGE QUE J'EN FERAI, MAIS, PEUT-ÊTRE, UN JOUR ... ... OU MIEUX, UNE SOMBRE NUIT !
MAINTENANT IL NE RESTE PLUS QU'À PRENDRE CONGÉ DE CES BRAVES MOINES DONT NOUS AVONS ASSEZ PERTURBÉ L'EXISTENCE, N'EST-CE PAS L'ABBÉ ?...
MONSEIGNEUR !...
ET PEU APRÈS.
QU'AS-TU ÉCRIT ?
LA VÉRITÉ ! MAIS QUE PEUT-ON EN FAIRE LORSQU'ELLE EST SI ÉNORME ?
HÉ !... ALLEZ AU DIABLE !...
QUANT À VOUS, L'ABBÉ, VOUS EN AVEZ ASSEZ VU ET ENTENDU AUJOURD'HUI. RETOURNEZ DONC À DIEU !

LE LENDEMAIN, XAN, GILLES DE RAIS ET SES HOMMES CHEVAUCHENT EN DIRECTION DU SUD...
... TANDIS QUE L'ÉTRANGE ÉVÊQUE ET SON ESCORTE FONT ROUTE PLUS À L'EST.
JE ME DEMANDE S'IL VA ÊTRE SÉANT DE NARRER CETTE AVENTURE ARRIVÉS À DESTINATION.
POINT N'EST BESOIN. UNE FOIS L'OR REMIS, LES BOUCHES DEVRONT SE TAIRE.
CEUX QUI DÈS LORS IMPRUDEMMENT PARLERAIENT AURAIENT GRAND TORT ! PERSONNE NE LEUR PARDONNERAIT DE ROMPRE UN SILENCE AUSSI NÉCESSAIRE.
CERTES !... MAIS CE GILLES DE RAIS EST PEUT-ÊTRE UN IMPRUDENT !?...
ON NE PEUT JAMAIS L'ÊTRE ; AUSSI PUISSANT SOIT-ON !
QUELQUES JOURS PLUS TARD, LE MARÉCHAL ET SA PETITE TROUPE TRAVERSENT LA LOIRE...
PUIS ILS CHEMINENT À TRAVERS LA VERTE TOURAINE AVANT D'ATTEINDRE LA DOUCE VENDÉE.
ENFIN, UN JOUR...
VOICI TIFFAUGES... UN DE MES MEILLEURS CHÂTEAUX. LÀ, NOUS PASSERONS QUELQUE TEMPS.
PAS TROP POUR MOI, JE NE VEUX POINT ÊTRE À TA CHARGE.
QUE VEUX-TU DIRE !? JE NE CONNAIS POINT LES LIMITES DE MES BIENS, ET QUELLE IMPORTANCE CELA A-T-IL ?... VIENS, BEAU COMPAGNON, NOUS AVONS TANT DE CHOSES À FAIRE... DE NOBLES ET TERRIBLES CHOSES ! TU VERRAS !
19

CE N'EST VRAIMENT TOUT PRÈS DU CHÂTEAU QUE XAN EN DÉCOUVRE TOUTE LA PUISSANCE ET L'OPULENTE GRANDEUR.
MAIS A L'INTÉRIEUR, LA FORMIDABLE RICHESSE DES LIEUX ÉCLATE A SES YEUX ÉBLOUIS.
AH ! MESSIRE MARÉCHAL, LE SIEUR DE CRAON EST PARTI HIER POUR MACHECOUL ! S'IL AVAIT SU !...
LA PESTE SOIT DE CE VIEUX PARENT. QU'IL VOYAGE ! QU'IL VOYAGE !...
VIENS, XAN. JE VAIS TE CONDUIRE A TA CHAMBRE. TU TE REPOSERAS BONNEMENT ET DEMAIN JE T'EXPLIQUERAI LE PROJET QUE J'AI POUR TOI.
QUELLE SPLENDEUR !
VOICI TES APPARTEMENTS, L'AMI. INSTALLE-TOI ET CHOISIS CE QUI TE PLAÎT PARMI CES VÊTEMENTS. ILS SERONT A TOI.
COMMENT TE REMERCIER ??...
ET RESTÉ SEUL XAN EXAMINE, ÉBERLUÉ, POURPOINTS BRODÉS, CHAUSSES DE FINE LAINE ET CHEMISES EN FIL DE SOIE.
JAMAIS JE N'AI VU PAREILLE FINESSE ! FANTASTIQUE !
AUSSI TRANSPARENT QU'UN VOILE DE BRUME PAR UN BEAU JOUR DE PRINTEMPS ... C'EST UNE ... HÉ !...
QUEL ÉTRANGE ÉQUIPAGE ?! QUE FAIT ICI CETTE VILAINE VIEILLE AVEC CE MISÉRABLE ENFANT ?...
20

(1) VINS SUCRÉS ET AROMATISÉS.

HEIN !?... MAIS ?! ... QU'EST-CE ?...
... J'AI RÊVÉ ! ...
... EST-POSSIBLE ? .....
POURTANT IL M'A SEMBLÉ ENTENDRE UN CRI VENANT DE LA CHEMINÉE ! ... ET PRÉSENTEMENT IL N'Y A QUE LA BRAISE QUI ROUGEOIT !... COMME C'EST ÉTRANGE ! ...
PLUS AUCUN BRUIT ! ... SAUF LES CRAQUEMENTS DE L'ÂTRE ! ... J'AI VRAIMENT RÊVÉ !
J'AVAIS À PEINE BASCULE DANS LE SOMMEIL ET IL Y A EU CE LONG CRI LOINTAIN !... BAH ! J'AI OUÏ DIRE QUE DE TELLES BIZARRERIES SE PRODUISAIENT PARFOIS ! ...
CE DOIT ÊTRE LA FATIGUE !?... BASTE ! ET MAINTENANT JE N'AI PLUS SOMMEIL !... OU, PEUT-ÊTRE, LA TROP BONNE CHÈRE APRÈS LA MAUVAISE PITANCE DES RUDES CHEMINS !? ... DIANTRE ! ... ENFIN ! ... C'EST QUAND MÊME UNE BELLE NUIT ! ... MAIS !? ...
PFFF.
QUELLE ODEUR !?... POUAH !... CETTE FOIS, JE NE RÊVE POINT.
D'OÙ CELA VIENT-IL ? ... DE TRÈS HAUT ! LÀ ! ... QU'EST-CE QU'ON PEUT BIEN BRÛLER D'AUSSI ÂCRE ? ...
EN EFFET, UNE FUMÉE DENSE ET NOIRE ENVELOPPE LA PLUS GRANDE TOUR DE TIFFAUGES, COMME L'ÉCHARPE DÉCHIQUETÉE D'UNE SORCIÈRE.
ET LONGTEMPS APRÈS, LORSQUE UNE AUBE PÂLE ÉCLAIRE L'HORIZON, DE SOMBRES TRAÎNÉES S'EFFILOCHENT ENCORE SUR LES ALENTOURS.
22
CEPENDANT, LE LENDEMAIN, DANS L'ÉCLAT DU JOUR, PLUS RIEN NE LAISSE SUPPOSER LE PHÉNOMÈNE NOCTURNE ! ... ABSOLUMENT RIEN ! ....

DANS CE DÉCOR PRINTANIER, OÙ S'EST VOLATILISÉE L'INQUIÉTANTE SUIE DE LA NUIT, UNE JEUNE FILLE DESCEND LA COLLINE. ELLE N'A PAS L'AIR D'AVOIR VU XAN QUI, LUI, L'OBSERVE ... DU MOINS C'EST CE QU'IL SEMBLE !...
VOILÀ QUELQU'UN QUI POURRA PEUT-ÊTRE ME RENSEIGNER !
HÉ ! BELLE ENFANT !... TU ES DU VILLAGE QUE L'ON VOIT LÀ-BAS ?...
OUI !... ET VOUS, DU CHÂTEAU ? ...
PAS TOUT À FAIT, MAIS CELA IMPORTE PEU !... DIS-MOI, TOI QUI HABITES TOUT PRÈS, N'AS-TU PAS PERÇU, LA NUIT DERNIÈRE CETTE FUMÉE PESTILENTIELLE ?...
SI, DA ! MAIS NOUS AVONS L'HABITUDE. C'EST SOUVENT COMME ÇA !
MAIS, AU FAIT, CELA SE PRODUIT UNIQUEMENT LA NUIT, OU PARFOIS LE JOUR ?
SURTOUT LA NUIT !... CEPENDANT, EN HIVER, DES FOIS, QUAND IL Y A PEU DE LUMIÈRE, ÇA EMPESTE TRÈS FORT.
ET PERSONNE NE SE PLAINT ?...
SI, MAIS ... NOUS LES SERFS SOMMES FAITS POUR TRAVAILLER ET NOUS TAIRE ...
TU ES CHARMANTE ; COMMENT T'APPELLES-TU ?
ADELAINE.
À CET INSTANT, UNE TROUPE DE CAVALIERS SORT DU CHÂTEAU DANS UN FRACAS DE TROMPETTES, SABOTS ET CLIQUETIS D'ARMES.
LE SIRE DE RAIS ! BON ! ALORS À BIENTÔT, ADELAINE ... JE L'ESPÈRE.
AU REVOIR !
AH ! TE VOILÀ, XAN !... JE T'AI CHERCHÉ PARTOUT DANS LE CHÂTEAU. C'EST À LA POTERNE QUE L'ON M'A DONNÉ DE TES NOUVELLES !... J'AI BESOIN DE TOI POUR CECI.

JE VIENS DE RETROUVER UN PLAN DE CHAPELLE DRESSÉ IL Y A PLUSIEURS MOIS !... IL NE ME DONNAIT GUÈRE SATISFACTION. COMME IL Y A URGENCE, J'AIMERAIS QUE TU MODIFIES CELA, XAN, TOI QUI AS POUR MÉTIER DE BÂTIR DES CATHÉDRALES !... JE T'AI AMENÉ UN CHEVAL.
EH BIEN SOIT ! JE ME PROMÈNERAI UNE AUTRE FOIS ... RENTRONS !
CE GARÇON N'EST PAS DE LA RÉGION !... D'OÙ PEUT-IL BIEN VENIR ?
ALORS, ADELAINE ?... QUE FAIS-TU LÀ À RÊVASSER ?
CEPENDANT AU CHÂTEAU ...
CONTRAIREMENT À CE QUE TU POURRAIS CROIRE, JE N'AI OUBLIÉ NI JEHANNE, NI L'OR DE SA CAPTURE !... DÈS MON RETOUR DE CHAMPTOCÉ, OÙ JE DOIS RENDRE VISITE À MON AÏEUL CRAON QUI EST SOUFFRANT, NOUS NOUS OCCUPERONS DE CETTE AFFAIRE. J'AI PENSÉ QUE DURANT CETTE ABSENCE TU POURRAIS BONNEMENT TRANSFORMER LES PLANS DE LA CHAPELLE !?...
OÙ VEUX-TU LA VOIR SE DRESSER ?
LÀ ! CETTE COUR FORT GRANDE DONNE BIEN LA PLACE ET IL SERAIT BON DE CACHER CE HAUT VIEUX MUR.
TU AS RAISON, GILLES. IL FAUDRAIT UNE GRANDE FLÈCHE POINTÉE VERS LE CIEL ET, AU-DESSUS D'UN PORTAIL SCULPTÉ, UNE ROSACE DONNANT LA PLUS FÉERIQUE LUMIÈRE.
ICI, UNE RANGÉE D'ARCS-BOUTANTS, TERMINÉS PAR DES DENTELLES DE PIERRE.
ENFIN, PAR-DESSUS TOUT, UN TOIT AUX PROPORTIONS ÉLÉGANTES, FLANQUÉ, À LA BASE, DE GARGOUILLES FINEMENT OUVRAGÉES.
AH ! C'EST TOUT JUSTE CE QUE JE DÉSIRE. TU VIENS DE DIRE ET DE DÉCRIRE TOUT CE QUE JE RÊVAIS ET JE N'AURAIS PU EXPRIMER DE LA SORTE !... AH ! XAN ! ... XAN ?...
XAN ?!?....

QUE SE PASSE-T-IL ?... POURQUOI NE RÉPONDS-TU PAS ?
RIEN ! RIEN !... J'OBSERVAIS UN DÉTAIL D'ARCHITECTURE ... MAIS ALLONS ESQUISSER CETTE MERVEILLE.
QUELQUES HEURES PLUS TARD LE TRAVAIL EST DÉJÀ BIEN ENTAMÉ.
VOICI LES LIGNES GÉNÉRALES. QU'EN DIS-TU ?...
LAISSE-MOI BIEN EXAMINER TES DESSINS.
... AH ! C'EST EXACTEMENT CE QUE JE SOUHAITAIS ... TU PEUX POURSUIVRE, L'AMI ; CALCULER LES PIERRES ET LES COMMANDER DÈS QUE POSSIBLE. J'ENVERRAI QUÉRIR DES TERRASSIERS, DES MAÇONS, DES CHARPENTIERS ....
.... ET BIENTÔT S'ÉLÈVERA CE JOYAU OÙ RÉSONNERONT LES CHANTS DES JOUVENCEAUX QUI SEULS PEUVENT DONNER L'IVRESSE DE L'ÂME ET DU COEUR. Ô, XAN !
ET L'APRÈS-MIDI ....
JE SERAI BIENTÔT DE RETOUR, XAN, TRAVAILLE BIEN. TU AURAS TOUT L'OR QUE TU VOUDRAS MAIS ÉLÈVE AU PLUS VITE CETTE CHAPELLE.
PUIS, L'IMPOSANTE ESCORTE DU SEIGNEUR DE LAVAL, GILLES DE RAIS, S'ÉLOIGNE DE TIFFAUGES.
LE SOIR VENU, XAN, QUI N'A CESSÉ DE TRAVAILLER TOUT LE JOUR, A FAIT MONTER UN REPAS, MAIS ....
QUEL EST CE BROUET !?... BAH ! MOI QUI N'AIME PAS LE PORC ! JE VAIS DESCENDRE CELA AUX CUISINES.
QUE SE PASSE-T-IL ?... QUE D'ÉCLATS VENANT DE L'OFFICE !?...
HO ! LÀ !... PAR TOUS LES SAINTS, PRÊTEZ-MOI L'OREILLE !... QUI M'A FRICOTÉ CE ... MAIS ! QUEL EST CE PAUVRE JEUNET QUE VOUS VOULEZ GAVER À TOUTE FORCE ?, POURQUOI ?

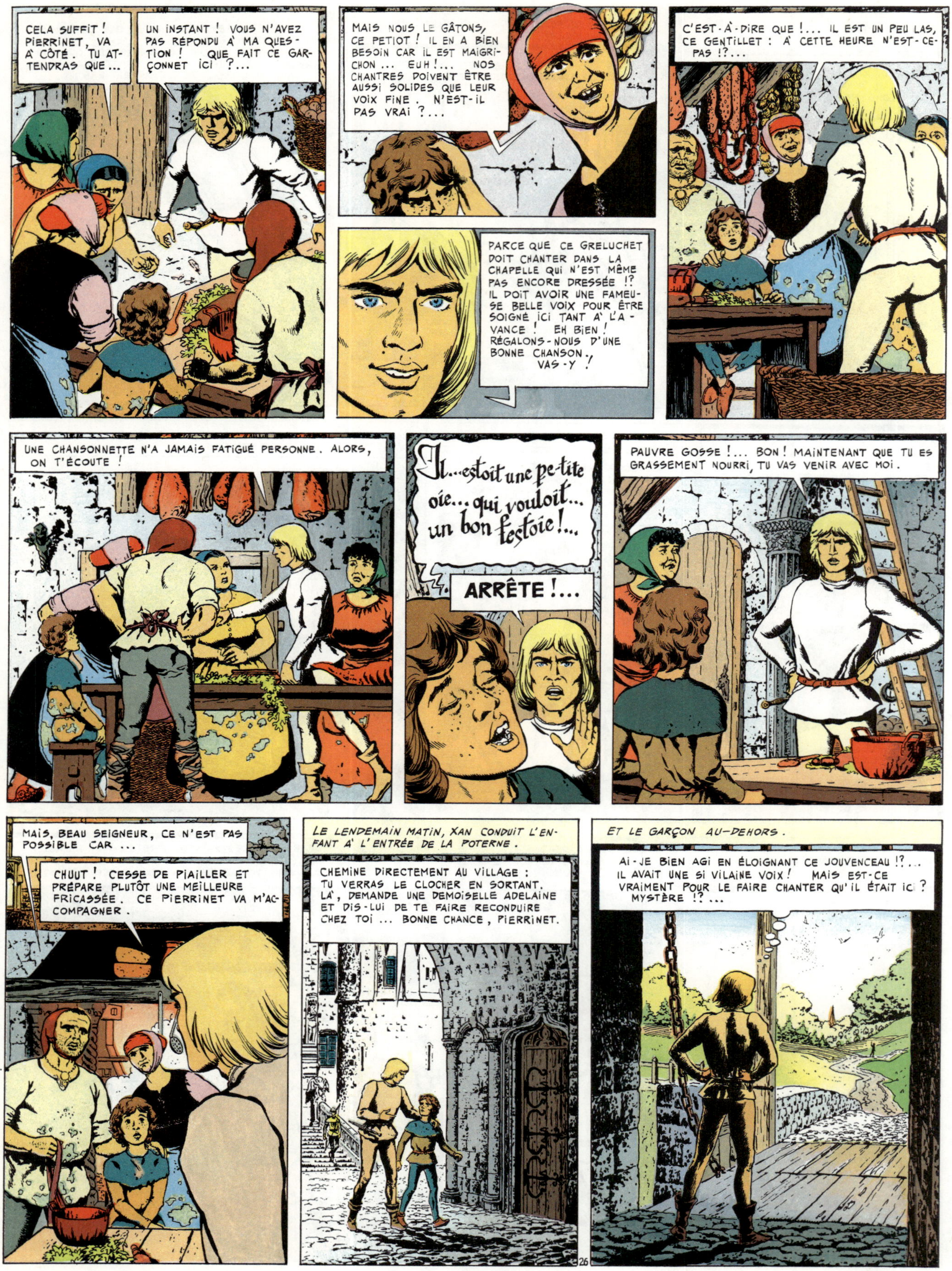
CELA SUFFIT ! PIERRINET, VA À CÔTÉ. TU ATTENDRAS QUE...
UN INSTANT ! VOUS N'AVEZ PAS RÉPONDU À MA QUESTION ! QUE FAIT CE GARÇONNET ICI ?...
MAIS NOUS LE GÂTONS, CE PETIOT ! IL EN A BIEN BESOIN CAR IL EST MAIGRICHON ... EUH !... NOS CHANTRES DOIVENT ÊTRE AUSSI SOLIDES QUE LEUR VOIX FINE. N'EST-IL PAS VRAI ?...
PARCE QUE CE GRELUCHET DOIT CHANTER DANS LA CHAPELLE QUI N'EST MÊME PAS ENCORE DRESSÉE !? IL DOIT AVOIR UNE FAMEUSE BELLE VOIX POUR ÊTRE SOIGNÉ ICI TANT À L'AVANCE ! EH BIEN ! RÉGALONS-NOUS D'UNE BONNE CHANSON. VAS-Y !
C'EST-À-DIRE QUE !... IL EST UN PEU LAS, CE GENTILLET : À CETTE HEURE N'EST-CE PAS !?...
UNE CHANSONNETTE N'A JAMAIS FATIGUÉ PERSONNE. ALORS, ON T'ÉCOUTE !
Il...estoit une petite oie... qui vouloit... un bon festoie !...
ARRÊTE !...
PAUVRE GOSSE !... BON ! MAINTENANT QUE TU ES GRASSEMENT NOURRI, TU VAS VENIR AVEC MOI.
MAIS, BEAU SEIGNEUR, CE N'EST PAS POSSIBLE CAR ...
CHUUT ! CESSE DE PIAILLER ET PRÉPARE PLUTÔT UNE MEILLEURE FRICASSÉE. CE PIERRINET VA M'ACCOMPAGNER.
LE LENDEMAIN MATIN, XAN CONDUIT L'ENFANT À L'ENTRÉE DE LA POTERNE.
CHEMINE DIRECTEMENT AU VILLAGE : TU VERRAS LE CLOCHER EN SORTANT. LÀ, DEMANDE UNE DEMOISELLE ADELAINE ET DIS-LUI DE TE FAIRE RECONDUIRE CHEZ TOI ... BONNE CHANCE, PIERRINET.
ET LE GARÇON AU-DEHORS.
AI-JE BIEN AGI EN ÉLOIGNANT CE JOUVENCEAU !?... IL AVAIT UNE SI VILAINE VOIX ! MAIS EST-CE VRAIMENT POUR LE FAIRE CHANTER QU'IL ÉTAIT ICI ? MYSTÈRE !?...

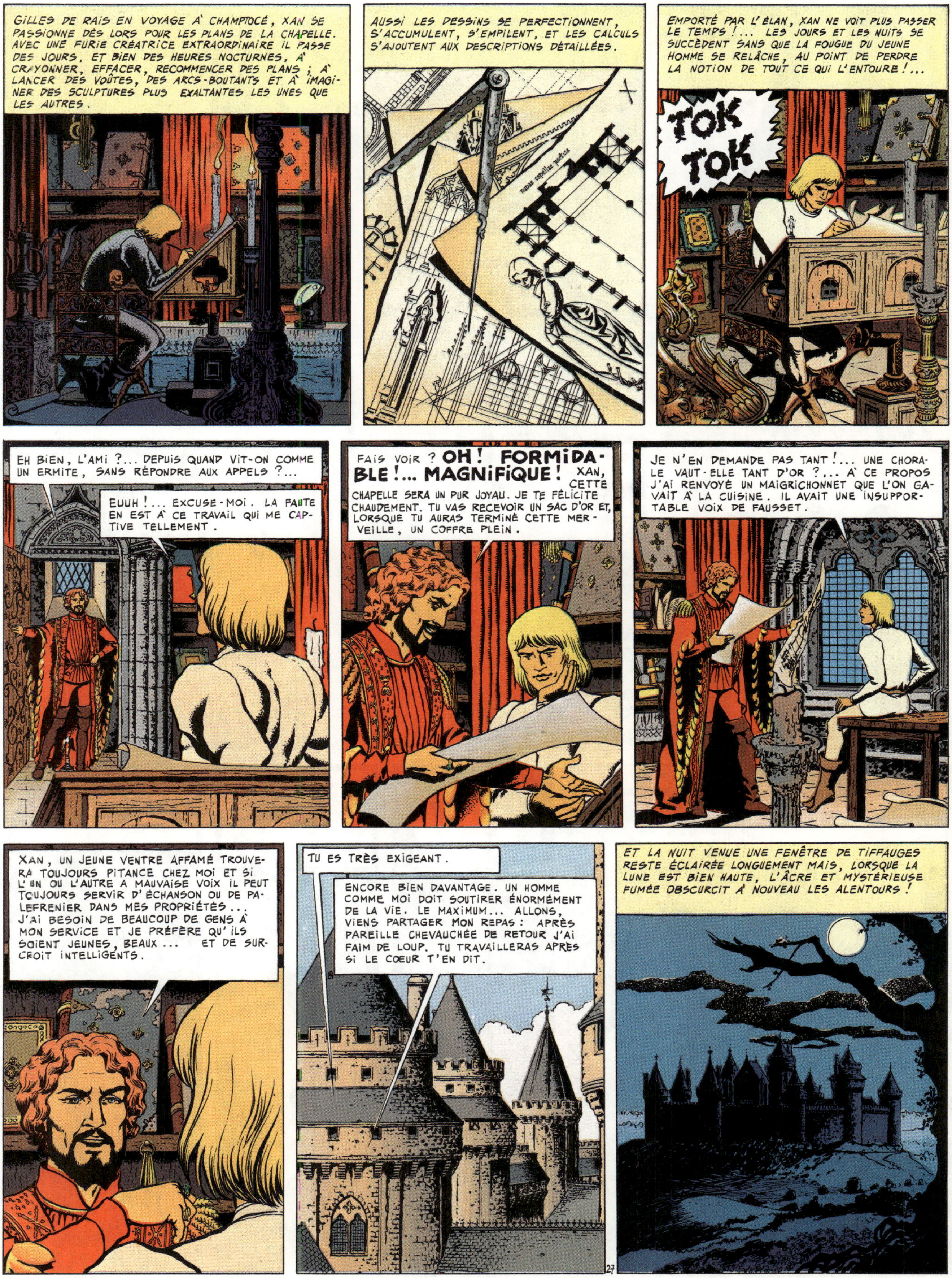

GILLES DE RAIS EN VOYAGE À CHAMPTOCÉ, XAN SE PASSIONNE DÈS LORS POUR LES PLANS DE LA CHAPELLE. AVEC UNE FURIE CRÉATRICE EXTRAORDINAIRE IL PASSE DES JOURS, ET BIEN DES HEURES NOCTURNES, À CRAYONNER, EFFACER, RECOMMENCER DES PLANS ; À LANCER DES VOÛTES, DES ARCS-BOUTANTS ET À IMAGINER DES SCULPTURES PLUS EXALTANTES LES UNES QUE LES AUTRES.
AUSSI LES DESSINS SE PERFECTIONNENT, S'ACCUMULENT, S'EMPILENT, ET LES CALCULS S'AJOUTENT AUX DESCRIPTIONS DÉTAILLÉES.
EMPORTÉ PAR L'ÉLAN, XAN NE VOIT PLUS PASSER LE TEMPS !... LES JOURS ET LES NUITS SE SUCCÈDENT SANS QUE LA FOUGUE DU JEUNE HOMME SE RELÂCHE, AU POINT DE PERDRE LA NOTION DE TOUT CE QUI L'ENTOURE !...
TOK TOK
EH BIEN, L'AMI ?... DEPUIS QUAND VIT-ON COMME UN ERMITE, SANS RÉPONDRE AUX APPELS ?...
EUUH !... EXCUSE-MOI. LA FAUTE EN EST À CE TRAVAIL QUI ME CAPTIVE TELLEMENT.
FAIS VOIR ? OH ! FORMIDABLE !... MAGNIFIQUE ! XAN, CETTE CHAPELLE SERA UN PUR JOYAU. JE TE FÉLICITE CHAUDEMENT. TU VAS RECEVOIR UN SAC D'OR ET, LORSQUE TU AURAS TERMINÉ CETTE MERVEILLE, UN COFFRE PLEIN.
JE N'EN DEMANDE PAS TANT !... UNE CHORALE VAUT-ELLE TANT D'OR ?... À CE PROPOS J'AI RENVOYÉ UN MAIGRICHONNET QUE L'ON GAVAIT À LA CUISINE. IL AVAIT UNE INSUPPORTABLE VOIX DE FAUSSET.
XAN, UN JEUNE VENTRE AFFAMÉ TROUVERA TOUJOURS PITANCE CHEZ MOI ET SI L'UN OU L'AUTRE A MAUVAISE VOIX IL PEUT TOUJOURS SERVIR D'ÉCHANSON OU DE PALEFRENIER DANS MES PROPRIÉTÉS... J'AI BESOIN DE BEAUCOUP DE GENS À MON SERVICE ET JE PRÉFÈRE QU'ILS SOIENT JEUNES, BEAUX... ET DE SURCROIT INTELLIGENTS.
TU ES TRÈS EXIGEANT.
ENCORE BIEN DAVANTAGE. UN HOMME COMME MOI DOIT SOUTIRER ÉNORMÉMENT DE LA VIE. LE MAXIMUM... ALLONS, VIENS PARTAGER MON REPAS : APRÈS PAREILLE CHEVAUCHÉE DE RETOUR J'AI FAIM DE LOUP. TU TRAVAILLERAS APRÈS SI LE COEUR T'EN DIT.
ET LA NUIT VENUE UNE FENÊTRE DE TIFFAUGES RESTE ÉCLAIRÉE LONGUEMENT MAIS, LORSQUE LA LUNE EST BIEN HAUTE, L'ÂCRE ET MYSTÉRIEUSE FUMÉE OBSCURCIT À NOUVEAU LES ALENTOURS !

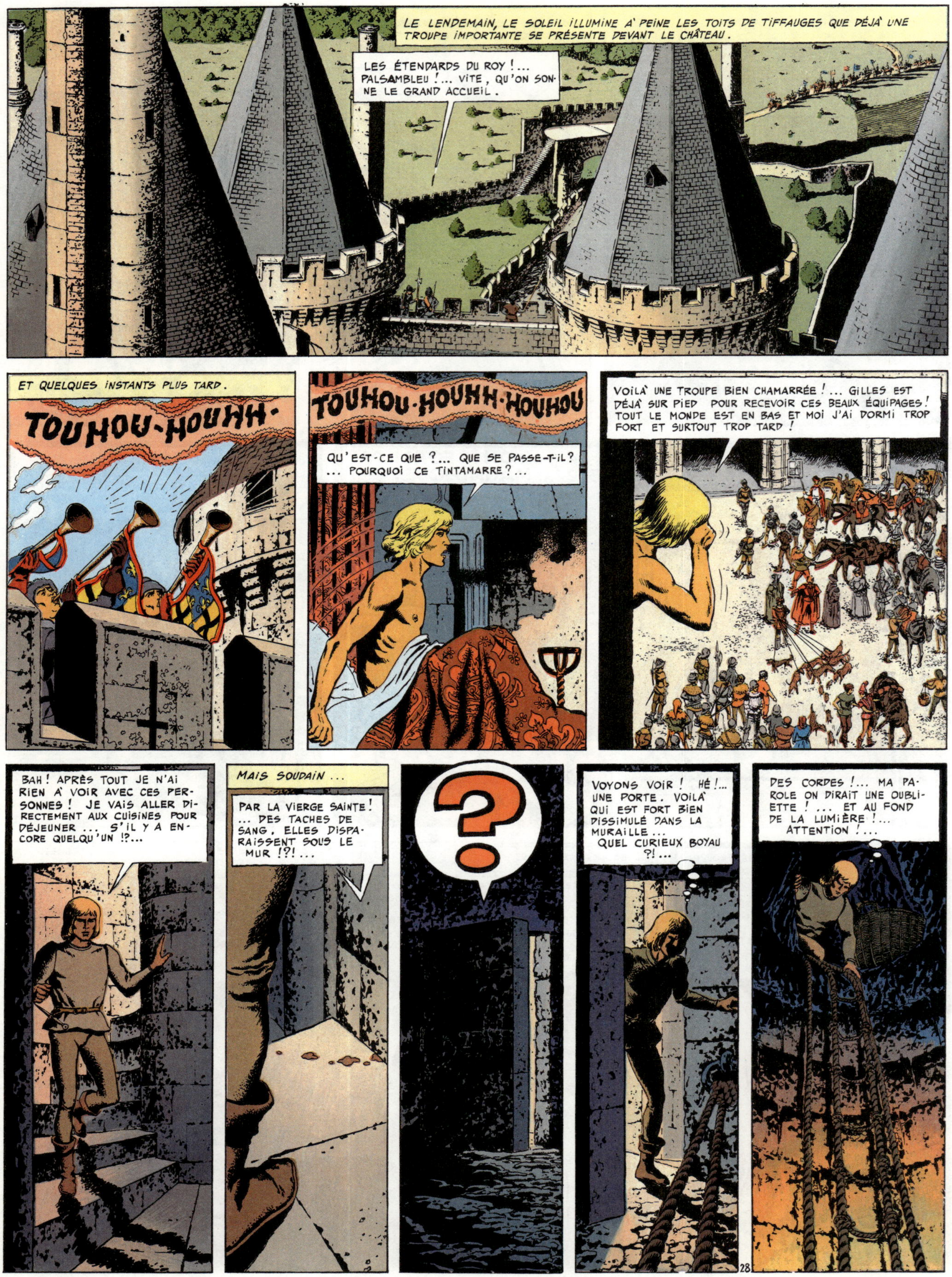
LE LENDEMAIN, LE SOLEIL ILLUMINE À PEINE LES TOITS DE TIFFAUGES QUE DÉJÀ UNE TROUPE IMPORTANTE SE PRÉSENTE DEVANT LE CHÂTEAU.
LES ÉTENDARDS DU ROY !... PALSAMBLEU !... VITE, QU'ON SONNE LE GRAND ACCUEIL.
ET QUELQUES INSTANTS PLUS TARD.
TOUHOU-HOUHH-
TOUHOU-HOUHH-HOUHOU
QU'EST-CE QUE ?... QUE SE PASSE-T-IL? ... POURQUOI CE TINTAMARRE ?...
VOILÀ UNE TROUPE BIEN CHAMARRÉE !... GILLES EST DÉJÀ SUR PIED POUR RECEVOIR CES BEAUX ÉQUIPAGES ! TOUT LE MONDE EST EN BAS ET MOI J'AI DORMI TROP FORT ET SURTOUT TROP TARD !
BAH ! APRÈS TOUT JE N'AI RIEN À VOIR AVEC CES PERSONNES ! JE VAIS ALLER DIRECTEMENT AUX CUISINES POUR DÉJEUNER ... S'IL Y A ENCORE QUELQU'UN !?...
MAIS SOUDAIN ...
PAR LA VIERGE SAINTE ! ... DES TACHES DE SANG. ELLES DISPARAISSENT SOUS LE MUR !?! ...
?
VOYONS VOIR ! HÉ !... UNE PORTE. VOILÀ QUI EST FORT BIEN DISSIMULÉ DANS LA MURAILLE ... QUEL CURIEUX BOYAU ?! ...
DES CORDES !... MA PAROLE ON DIRAIT UNE OUBLIETTE ! ... ET AU FOND DE LA LUMIÈRE !... ATTENTION !...

MAIS CES HOMMES ENTERRENT QUELQUE CHOSE !?... DANS CE CUL-DE-BASSE-FOSSE !?... QUELLE ÉTRANGE PRATIQUE !
OH!...
EUUH ! BONJOUR !... MA MAIN A GLISSÉ ... EH !.... J'AI TROUVÉ CETTE OUVERTURE ; TOUT A FAIT PAR HASARD. ALORS !...
ALORS VOILÀ BIEN DE LA CURIOSITÉ, MESSIRE.
NOUS ... NOUS METTONS SOUS TERRE UN CHIEN QUE L'ON A TROUVÉ BIZARREMENT OCCIS CETTE NUIT ... PEUT-ÊTRE UN BRACONNIER !?
BIEN ! BIEN ! JE VOUS LAISSE. EXCUSEZ-MOI.
IL EST PARTI !... MAIS COMMENT A-T-IL TROUVÉ LE PASSAGE ?...
C'EST MAUVAISE CHOSE QUE DE VOIR LE NEZ DE CE DAMOISEAU PENCHÉ SUR CES AFFAIRES !... FORT MAUVAISE !...
QUELQUES HEURES PLUS TARD, XAN PARTAGE LE REPAS OFFERT AUX ENVOYÉS DU ROY DANS LA GRANDE SALLE.
VOUS TIREZ PETITE MINE, BEAU SIRE ! POINT D'APPÉTIT ?...
MON AMI XAN TRAVAILLE TROP !
IL A ÉTABLI LES PLANS D'UNE MERVEILLEUSE CHAPELLE MAIS IL EST UN TEMPS POUR LE LABEUR ET IL EN EST AUSSI UN POUR LE REPOS ... ET XAN EN A BESOIN.
POINT DU TOUT : JE ME SENS DISPOS ET ...
NON ! NON ! CES GENS DU ROY NOUS CONVIENT À LA COUR DE CHARLES LE SEPTIÈME ET IL EST SÉANT QUE CEUX QUI ONT VOULU DÉLIVRER JEHANNE À ROUEN SOIENT DE LA FÊTE. NOTRE SOUVERAIN SERA BIEN AISE DE CONNAÎTRE LES MÉRITES DE VAILLANTS SOLDATS DE FRANCE. XAN, TU IRAS... LA CHAPELLE ATTENDRA.
MAIS CES BONNES GENS NE SONT PAS VENUS ME CHERCHER, MOI !... ET TOI, GILLES, TU AS TELLEMENT INSISTÉ SUR L'URGENCE DE CET ÉDIFICE.
29
NOTRE GENTIL ROY SERA ENCHANTÉ DE TE CONNAÎTRE, SÛR. TU DEVRAIS ÊTRE HEUREUX ET MÊME CURIEUX.
CURIEUX, IL L'EST. CELA NE FAIT AUCUN DOUTE, N'EST-CE PAS, XAN ?...

MAIS LA CURIOSITÉ N'EST-ELLE PAS L'APANAGE DE LA VIVACITÉ; LA PIQUE DE L'INTELLIGENCE ?
QUE VOILÀ RÉFLEXION BONNEMENT FAITE, MESSIRE. JE GAGE QUE LE SIEUR DE RAIS S'EN PORTE SATISFAIT !...
ET LA NUIT VENUE ...
QUELLE JOURNÉE !... ET TOUS CES DESSINS QUE J'AI FAITS AVEC TANT D'ARDEUR !... PEUT-ÊTRE NE SERVIRONT-ILS JAMAIS À RIEN !? ... C'EST GRANDE FAUSSETÉ QUE DEMANDER PAREIL TRAVAIL POUR NE POINT SERVIR !
JE DEVRAIS LES BRÛLER ! GILLES EN SERAIT FORT MARRI ... MAIS MOI TELLEMENT PLUS ! ALORS C'EST INUTILE ! MIEUX VAUT LES RANGER.
LE LENDEMAIN LES GENS DU ROY ET LES COMPAGNONS DE GILLES S'ÉLOIGNENT DE TIFFAUGES AVEC MOULT SONNERIES DE TROMPES ET CLAMEURS.
NOTRE BON ROY CHARLES VA ÊTRE BIEN AISE DE REVOIR SON CONNÉTABLE. IL EST PRESSÉ DE LUI TÉMOIGNER FORTE RECONNAISSANCE.
BAH ! DE L'OR JE N'EN AI QUE FAIRE ... ET D'HONNEURS POINT DAVANTAGE !
DE LA GLOIRE, MESSIRE, DE LA GRANDE GLOIRE. LE SOUVERAIN VEUT BOUTER POUR TOUJOURS L'ANGLOIS HORS DE FRANCE ... ET IL SAIT QUE GILLES DE RAIS LE PEUT.
CERTES, MAIS LE VEUT-IL ?...
LE SOIR DE CETTE CHEVAUCHÉE, LA TROUPE POUSSIÉREUSE S'EST ARRÊTÉE DANS UN ANCIEN RELAIS DES TEMPLIERS: SOLIDE FERME TENUE PAR DE RUDES PAYSANS.
CETTE GRANGE EST AUSSI VASTE QU'UNE ÉGLISE ! ET QUE VOICI UNE EXCELLENTE COUCHE. JE ....
.... JE ..... PAR TOUS LES SAINTS DU PARADIS !....
30

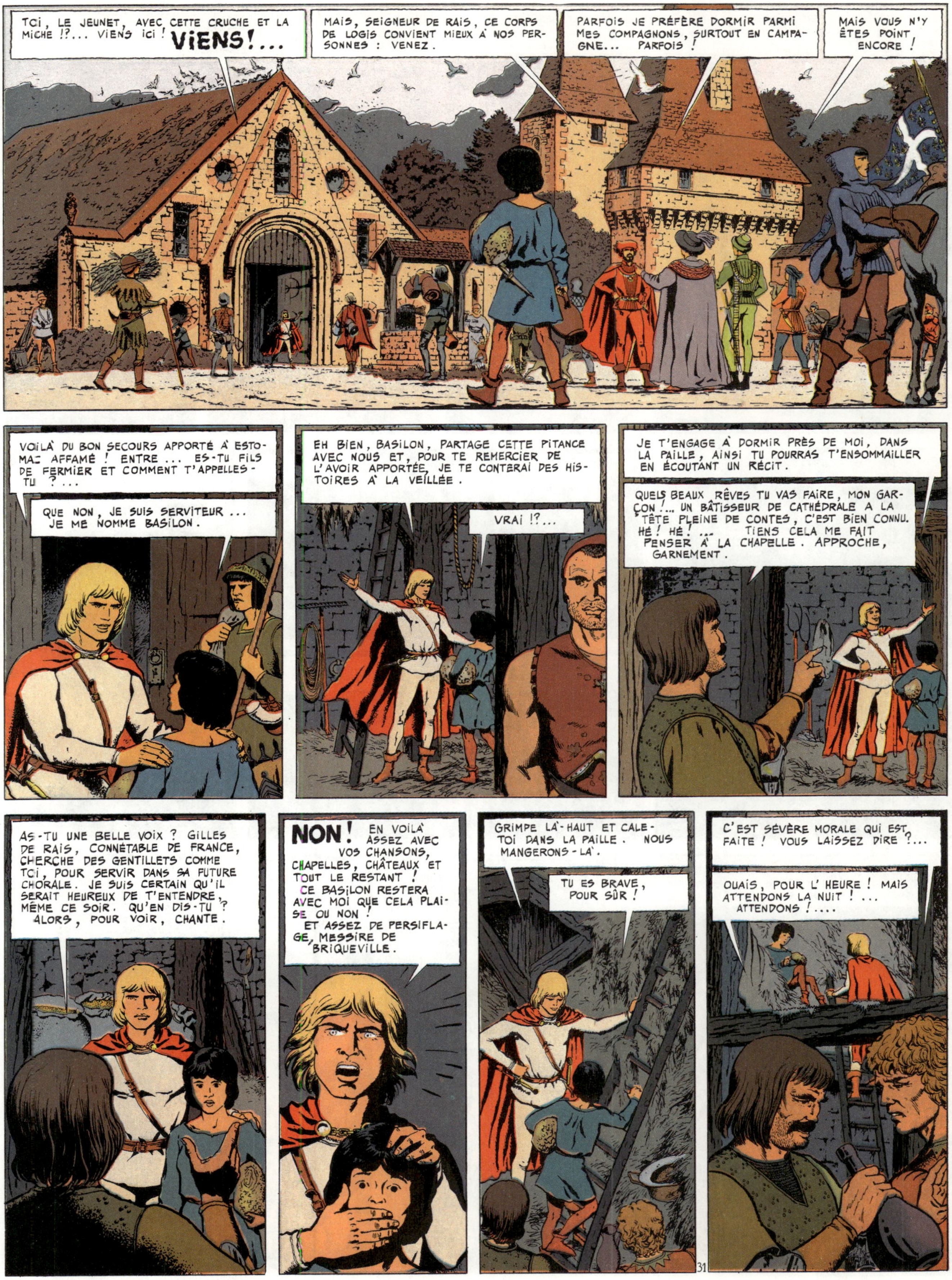
TOI, LE JEUNET, AVEC CETTE CRUCHE ET LA MICHE !?... VIENS ICI ! VIENS !...
MAIS, SEIGNEUR DE RAIS, CE CORPS DE LOGIS CONVIENT MIEUX À NOS PERSONNES : VENEZ.
PARFOIS JE PRÉFÈRE DORMIR PARMI MES COMPAGNONS, SURTOUT EN CAMPAGNE... PARFOIS !
MAIS VOUS N'Y ÊTES POINT ENCORE !
VOILÀ DU BON SECOURS APPORTÉ À ESTOMAC AFFAMÉ ! ENTRE ... ES-TU FILS DE FERMIER ET COMMENT T'APPELLES-TU ?...
QUE NON, JE SUIS SERVITEUR ... JE ME NOMME BASILON.
EH BIEN, BASILON, PARTAGE CETTE PITANCE AVEC NOUS ET, POUR TE REMERCIER DE L'AVOIR APPORTÉE, JE TE CONTERAI DES HISTOIRES À LA VEILLÉE.
VRAI !?...
JE T'ENGAGE À DORMIR PRÈS DE MOI, DANS LA PAILLE, AINSI TU POURRAS T'ENSOMMAILLER EN ÉCOUTANT UN RÉCIT.
QUELS BEAUX RÊVES TU VAS FAIRE, MON GARÇON !... UN BÂTISSEUR DE CATHÉDRALE A LA TÊTE PLEINE DE CONTES, C'EST BIEN CONNU. HÉ ! HÉ ! ... TIENS CELA ME FAIT PENSER À LA CHAPELLE. APPROCHE, GARNEMENT.
AS-TU UNE BELLE VOIX ? GILLES DE RAIS, CONNÉTABLE DE FRANCE, CHERCHE DES GENTILLETS COMME TOI, POUR SERVIR DANS SA FUTURE CHORALE. JE SUIS CERTAIN QU'IL SERAIT HEUREUX DE T'ENTENDRE, MÊME CE SOIR. QU'EN DIS-TU ? ALORS, POUR VOIR, CHANTE.
NON ! EN VOILÀ ASSEZ AVEC VOS CHANSONS, CHAPELLES, CHÂTEAUX ET TOUT LE RESTANT ! CE BASILON RESTERA AVEC MOI QUE CELA PLAISE OU NON ! ET ASSEZ DE PERSIFLAGE, MESSIRE DE BRIQUEVILLE.
GRIMPE LÀ-HAUT ET CALE-TOI DANS LA PAILLE. NOUS MANGERONS-LÀ.
TU ES BRAVE, POUR SÛR !
C'EST SÉVÈRE MORALE QUI EST FAITE ! VOUS LAISSEZ DIRE ?...
OUAIS, POUR L'HEURE ! MAIS ATTENDONS LA NUIT ! ... ATTENDONS !....

LA LUNE EST ENCORE BASSE LORSQUE LE SILENCE PÈSE SUR LES ÊTRES ET LES CHOSES. C'EST LE MOMENT OÙ SEULS LES FEUX DES VEILLEURS ROUGEOIENT DANS L'OMBRE.
DANS LA GRANGE CHACUN A TROUVÉ SA PLACE ET DORT DANS LA TIÉDEUR DE LA PAILLE...
...PAS TOUS !...AVEC PRÉCAUTION UNE ÉCHELLE EST AJUSTÉE PUIS BOUGE LÉGÈREMENT.
ENFIN DEUX SILHOUETTES ÉMERGENT L'ARME AU POING.
HAN!...
HAAH!...
MAIS !?! IL N'Y A PERSONNE !
LÀ !... IL Y A UN COURANT D'AIR.
UNE CORDE!... ILS ONT FUI PAR LÀ.
PAR LES CORNES DU DIABLE !...VOILÀ UN MAUVAIS TOUR QUI SE PAYERA !...
LE LENDEMAIN LA TROUPE BIEN REPOSÉE SE REMET EN ROUTE AU FRAIS MATIN ET GILLES DE RAIS SEMBLE PARTICULIÈREMENT ENJOUÉ.
MON BON AMI XAN. JE SUIS FORT AISE DE TE PRÉSENTER À NOTRE ROI AFIN DE LUI VANTER TES MÉRITES.
OH ! ILS SONT BIEN PÂLES ! ... J'AI FAIT TELLEMENT PEU !
QUE SI, QUE SI !... JE N'OUBLIE PAS LA PEINE QUE TU T'ES DONNÉE À ROUEN ET DURANT VOTRE RETOUR.
CHARLES LE SEPTIÈME LE SAURA. NOUS ALLONS LUI CONTER NOS AVENTURES ET PEUT-ÊTRE, PARMI LES GENS DE LA COUR, FINIRONS-NOUS PAR APPRENDRE QUI A REÇU L'OR. L'OR DE LA MORT!...
32

VOICI LE CHÂTEAU DU MONARQUE DE FRANCE. SON SÉJOUR PRÉFÉ-RÉ ...
EN EFFET, NOTRE BON ROI AIME PARTICULIÈREMENT LE CLIMAT DE CETTE DOUCE RÉGION DE LOIRE.
QUELLE PUISSANTE FORTERESSE!
PEU APRÈS LA TROUPE CHAMARRÉE PASSE LES POTERNES ET LES PONTS-LEVIS JETÉS AU-DESSUS DE PRÉCIPICES IMPRESSIONNANTS.
ENFIN TOUS SE RETROUVENT DANS LA GRANDE SALLE D'APPARÂT OÙ LES HAUTS DIGNITAIRES ATTENDENT LE ROI ...
... QUI PARAIT ENFIN, L'AIR MORNE, COMME D'HABITUDE.
VOUS REVOIR EST BIEN DU PLAISIR, CONNÉTABLE ... IL ÉTAIT TEMPS DE VOUS REMERCIER POUR LES SERVICES PASSÉS, ET TEMPS AUSSI DE VOUS CHARGER D'UNE NOUVELLE MISSION.
SIRE, LA PLUS BELLE EÛT ÉTÉ POUR MOI DE DÉLIVRER JEHANNE, MAIS SEUL AVEC MES GENS, CE FUT PARTIE DIFFICILE CONTRE L'ANGLOIS.
C'ÉTAIT NOBLE MAIS IMPOSSIBLE EXPLOIT QUE DE VOULOIR UTILISER LA FORCE ALORS QUE LA RUSE ÉTAIT MEILLEUR PROCÉDÉ.
VOTRE MAJESTÉ SAIT MIEUX QUE MOI SE SERVIR D'ARMES AUSSI RAFFINÉES! CEPENDANT IL FALLAIT SAUVER LA PUCELLE ET LE TEMPS PRESSAIT!
BIEN SÛR, BEAU COUSIN!... MAIS PEUT-ÊTRE QUE LE SEIGNEUR DIEU LA VOULAIT EN SON PARADIS !?... PEUT-ÊTRE AUSSI FERA-T-IL UN MIRACLE !?... PEUT-ÊTRE! QUI SAIT !? ...
33

(1) L'ARMÉE ROYALE FRANÇAISE.

APRÈS AVOIR QUITTÉ LA LOIRE LE CONNÉTABLE DE FRANCE, GILLES DE LAVAL, SEIGNEUR DE RAIS, A PRIS LE COMMANDEMENT DE L'OST. CAPARAÇONNÉ D'UNE NOUVELLE ARMURE, IL A PRIS DÉLIBÉRÉMENT LE CHEMIN DU NORD, À LA RECHERCHE DE L'ANGLAIS.
LORSQU'UN MATIN...
MMH! MMH! LE VENT PORTE DES ODEURS DE ROUSSI! IL NE M'ÉTONNERAIT POINT QUE NOUS AYONS RATTRAPÉ UN PARTI ADVERSE.
EN EFFET! REGARDE LÀ-BAS.
UN VILLAGE! DES RESCAPÉS S'ÉCHAPPENT ET COURENT COMME DES FORCENÉS.
EH BIEN, À LA CHARGE!... À LA CHA-ARGE!...
LES CHEVALIERS FRANÇAIS GALOPENT L'ARME HAUTE ET, DANS UN TERRIBLE FRACAS, ARRIVENT DEVANT UN VILLAGE QUI BRÛLE.
ILS TRAVERSENT LES FUMÉES ET DÉBOUCHENT SUR L'ARRIÈRE-GARDE ENNEMIE, QUEUE DE L'ARMÉE ANGLAISE, CONSTITUÉE, COMME TOUTES LES TROUPES DE GUERRE, DE COUTILIERS QUI ACHÈVENT LES BLESSÉS OU DÉTROUSSENT LES CADAVRES ET DE RIBAUDS DE TOUTES SORTES.

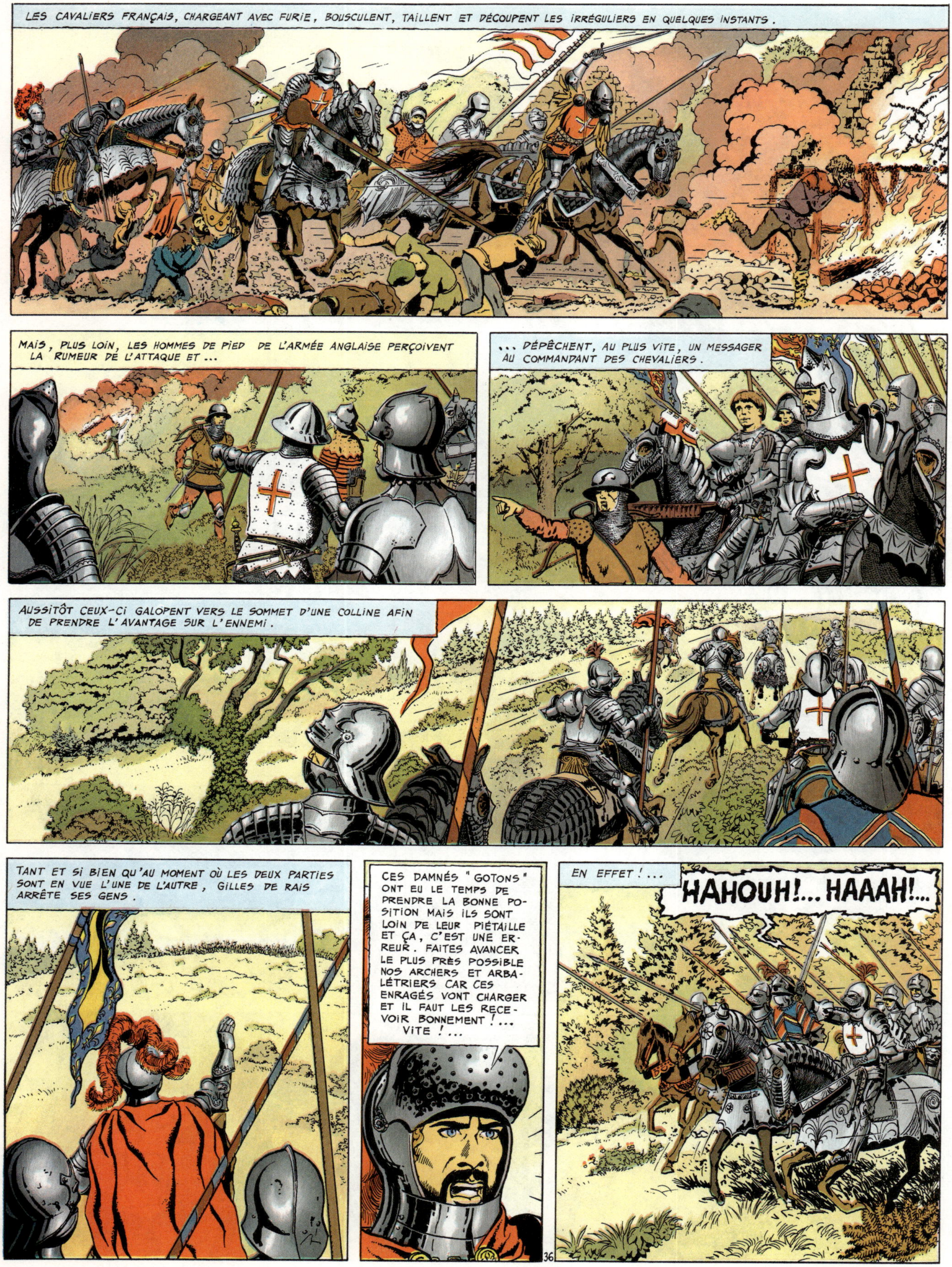
LES CAVALIERS FRANÇAIS, CHARGEANT AVEC FURIE, BOUSCULENT, TAILLENT ET DÉCOUPENT LES IRRÉGULIERS EN QUELQUES INSTANTS.
MAIS, PLUS LOIN, LES HOMMES DE PIED DE L'ARMÉE ANGLAISE PERÇOIVENT LA RUMEUR DE L'ATTAQUE ET ...
... DÉPÊCHENT, AU PLUS VITE, UN MESSAGER AU COMMANDANT DES CHEVALIERS.
AUSSITÔT CEUX-CI GALOPENT VERS LE SOMMET D'UNE COLLINE AFIN DE PRENDRE L'AVANTAGE SUR L'ENNEMI.
TANT ET SI BIEN QU'AU MOMENT OÙ LES DEUX PARTIES SONT EN VUE L'UNE DE L'AUTRE, GILLES DE RAIS ARRÊTE SES GENS.
CES DAMNÉS "GOTONS" ONT EU LE TEMPS DE PRENDRE LA BONNE POSITION MAIS ILS SONT LOIN DE LEUR PIÉTAILLE ET ÇA, C'EST UNE ERREUR. FAITES AVANCER LE PLUS PRÈS POSSIBLE NOS ARCHERS ET ARBALÉTRIERS CAR CES ENRAGÉS VONT CHARGER ET IL FAUT LES RECEVOIR BONNEMENT !... VITE !...
EN EFFET !...
HAHOUH!... HAAAH!...

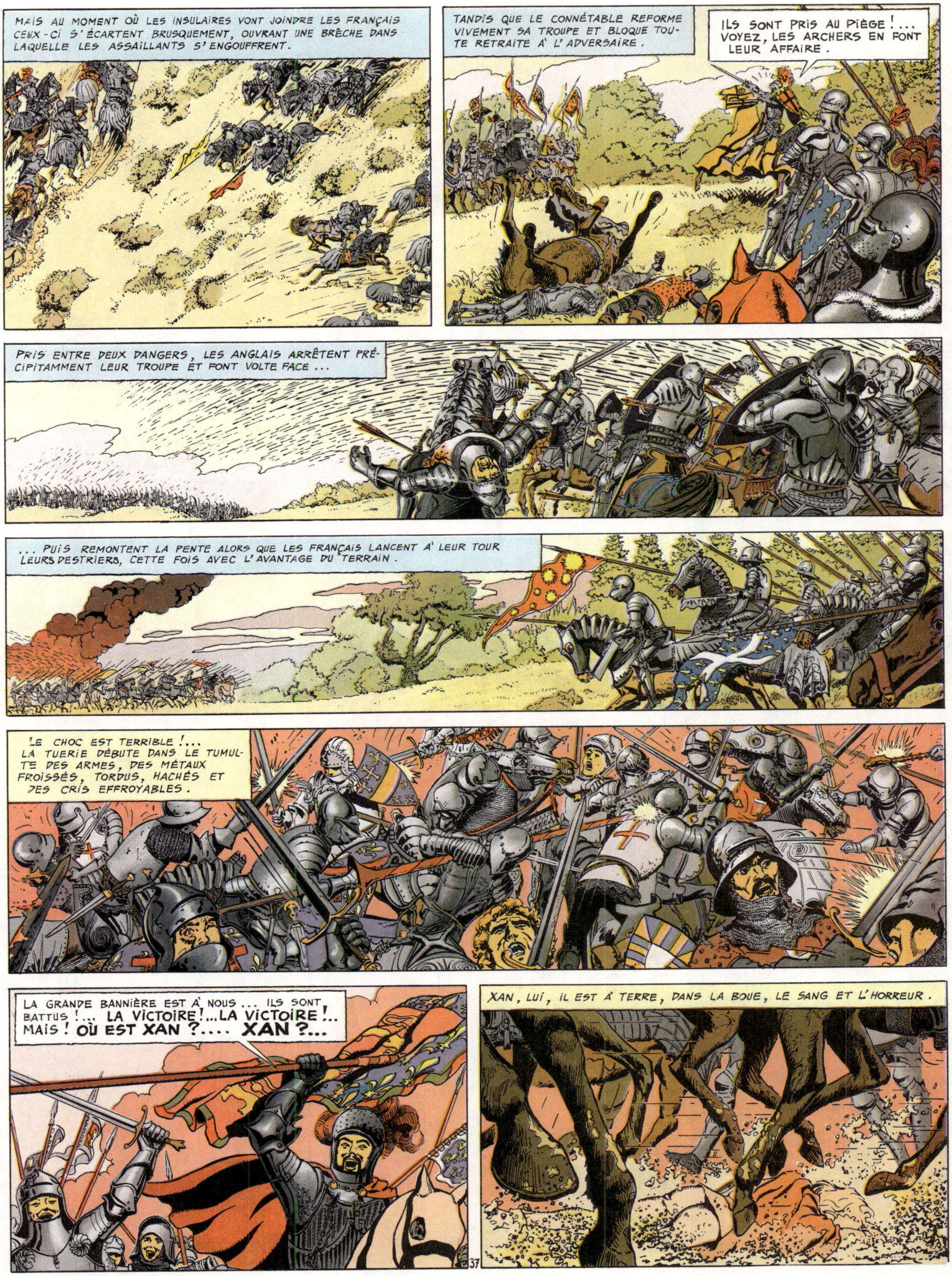
MAIS AU MOMENT OÙ LES INSULAIRES VONT JOINDRE LES FRANÇAIS CEUX-CI S'ÉCARTENT BRUSQUEMENT, OUVRANT UNE BRÈCHE DANS LAQUELLE LES ASSAILLANTS S'ENGOUFFRENT.
TANDIS QUE LE CONNÉTABLE REFORME VIVEMENT SA TROUPE ET BLOQUE TOUTE RETRAITE À L'ADVERSAIRE.
ILS SONT PRIS AU PIÈGE !... VOYEZ, LES ARCHERS EN FONT LEUR AFFAIRE.
PRIS ENTRE DEUX DANGERS, LES ANGLAIS ARRÊTENT PRÉCIPITAMMENT LEUR TROUPE ET FONT VOLTE FACE ...
... PUIS REMONTENT LA PENTE ALORS QUE LES FRANÇAIS LANCENT À LEUR TOUR LEURS DESTRIERS, CETTE FOIS AVEC L'AVANTAGE DU TERRAIN.
LE CHOC EST TERRIBLE !... LA TUERIE DÉBUTE DANS LE TUMULTE DES ARMES, DES MÉTAUX FROISSÉS, TORDUS, HACHÉS ET DES CRIS EFFROYABLES.
LA GRANDE BANNIÈRE EST À NOUS ... ILS SONT BATTUS !... LA VICTOIRE !... LA VICTOIRE !.. MAIS ! OÙ EST XAN ?.... XAN ?...
XAN, LUI, IL EST À TERRE, DANS LA BOUE, LE SANG ET L'HORREUR.

APRÈS LE NOIR IL Y A LE ROUGE !... APRÈS LE ROUGE, L'OR... ET PUIS L'OR ET LE ROUGE SE TORDENT, SE DILUENT PUIS SE COAGULENT EN DES FORMES INQUIÉTANTES, MENAÇANTES... UN CIEL DE FEU TOMBE LENTEMENT PUIS SOUDAIN SE FIGE EN UN CHRIST DE JUGEMENT DERNIER.
ALORS DANS UN VISAGE SÉVÈRE ET ÉNIGMATIQUE APPARAIT UN REGARD ÉTRANGE !... IL VA PARLER... SES LÈVRES VONT BOUGER !...
NON ! CE SONT LES FLAMMES DES CIERGES QUI FONT COURIR DES ZONES DE LUMIÈRES ET D'OMBRES SUR LA FRESQUE, LÀ-HAUT.
UNE FRESQUE !?... MAIS OÙ SUIS-JE DONC ?!... POURQUOI M'A-T-ON LIÉ LES MAINS ET LES PIEDS ?... QU'EST-CE QUE ?... ET TOUS CES LUMINAIRES ; POURQUOI ?...
LÀ, CES GISANTS ALLONGÉS POUR L'ÉTERNITÉ !... CE SONT DE BONS COMPAGNONS DE COMBAT, JE LES RECONNAIS ! MAIS !?.. AAAH! NOON!
À L'AIDE !... OUVREZ-MOI !... OUVREZ !...
BAAM
BAAM
BAM
38
SEIGNEUR ! SEIGNEUR !... DES DIABLES ONT ENVAHI L'ÉGLISE !... ILS REVIENNENT VOLER LE CORPS, POUR SÛR !... L'ÉGLISE EST PLEINE DE DÉMONS !...

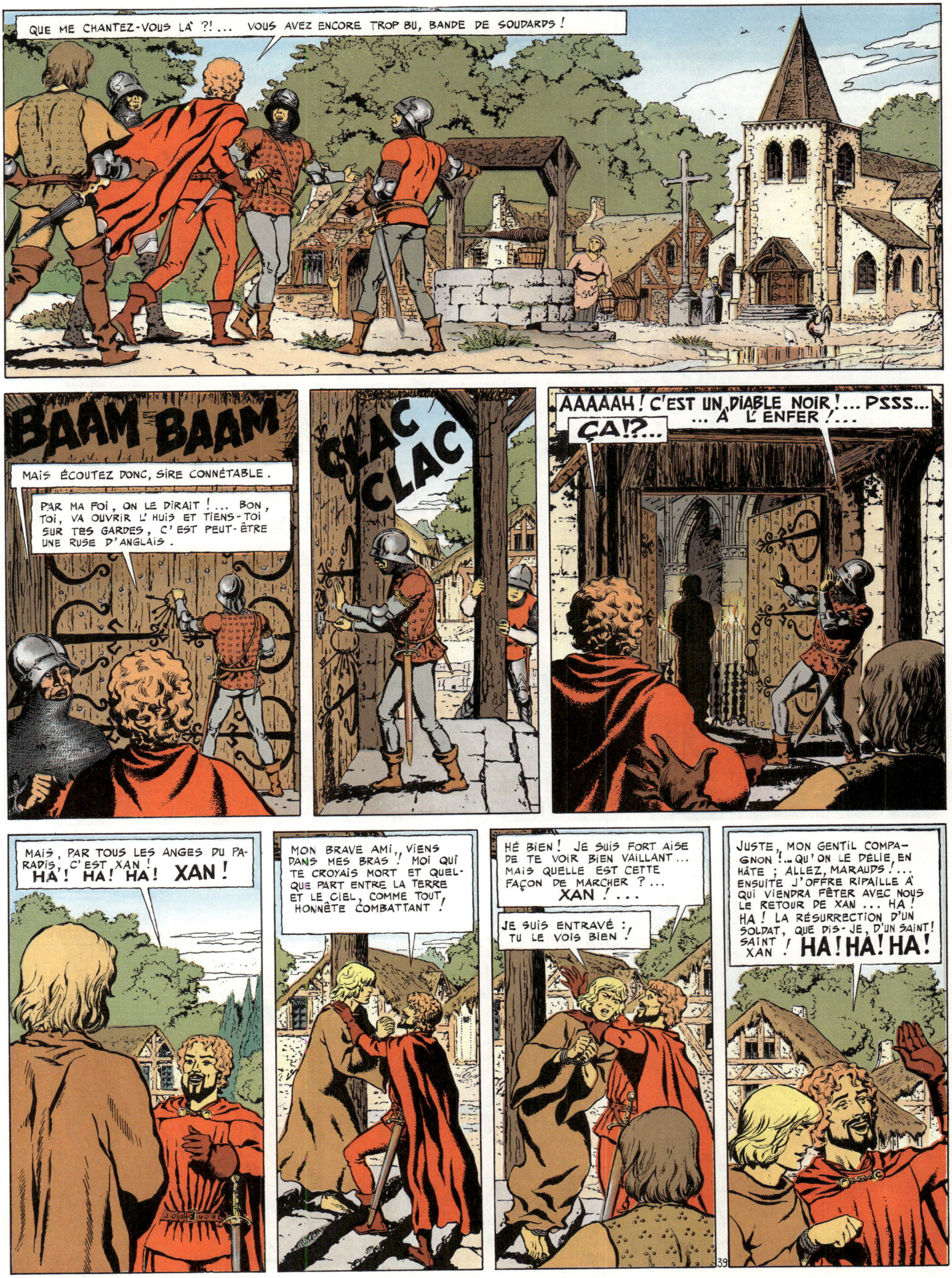

QUE ME CHANTEZ-VOUS LÀ ?!... VOUS AVEZ ENCORE TROP BU, BANDE DE SOUDARDS !
BAAM BAAM
MAIS ÉCOUTEZ DONC, SIRE CONNÉTABLE.
PAR MA FOI, ON LE DIRAIT !... BON, TOI, VA OUVRIR L'HUIS ET TIENS-TOI SUR TES GARDES, C'EST PEUT-ÊTRE UNE RUSE D'ANGLAIS.
CLAC CLAC
AAAAAH ! C'EST UN DIABLE NOIR !... PSSS... ... À L'ENFER !...
ÇA !?...
MAIS, PAR TOUS LES ANGES DU PARADIS, C'EST XAN ! HA ! HA ! HA ! XAN !
MON BRAVE AMI, VIENS DANS MES BRAS ! MOI QUI TE CROYAIS MORT ET QUELQUE PART ENTRE LA TERRE ET LE CIEL, COMME TOUT HONNÊTE COMBATTANT !
HÉ BIEN ! JE SUIS FORT AISE DE TE VOIR BIEN VAILLANT... MAIS QUELLE EST CETTE FAÇON DE MARCHER ?... XAN !...
JE SUIS ENTRAVÉ : TU LE VOIS BIEN !
JUSTE, MON GENTIL COMPAGNON !... QU'ON LE DÉLIE, EN HÂTE ; ALLEZ, MARAUDS !... ENSUITE J'OFFRE RIPAILLE À QUI VIENDRA FÊTER AVEC NOUS LE RETOUR DE XAN... HA ! HA ! LA RÉSURRECTION D'UN SOLDAT, QUE DIS-JE, D'UN SAINT ! SAINT XAN ! HA ! HA ! HA !
39

QUELQUES HEURES PLUS TARD, LES RIPAILLES S'ACHÈVENT DANS UNE SÉRIE DE CHANSONS À FAIRE FUIR UN BON MOINE... MAIS IL EST TROP TARD !
GLOIRE À XAN !... ASSOMMÉ, MORT ET RESSUSCITÉ LE MÊME JOUR ! HA ! HA ! CELA AVEC L'AIDE DE TOUS LES SAINTS ET DE TAS DE DIABLES ! HA ! HA !...
LE LENDEMAIN ET LES JOURS SUIVANTS, L'ARMÉE DU CONNÉTABLE AVANCE LOIN EN CES TERRITOIRES FRANÇAIS QUE L'ANGLAIS ABANDONNE. CEPENDANT, SI LES CAPITAINES ET LES SOLDATS MONTRENT LEUR HARGNE DEVANT LES MÉFAITS DE L'ENNEMI, GILLES, LUI, PARAÎT INDIFFÉRENT, COMME S'IL CHEVAUCHAIT DANS UN AUTRE MONDE.
POURTANT CE NE SONT POINT LES INCENDIES DE FERMES ET HAMEAUX QUI MANQUENT : LEUR CHEMIN EN EST JALONNÉ ...
... NI L'ENTHOUSIASME DES FOULES DÉLIVRÉES QUI, IVRES DE RECONNAISSANCE, FÊTENT L'OST DANS LE DÉLIRE DES CRIS, DES RIRES ET DES BOUSCULADES.
ET LE TEMPS FILE, FILE ... À COURIR APRÈS UNE ARMÉE QUI S'ENFUIT SI VITE QUE MÊME LA CAVALERIE N'ARRIVE PLUS À LA RATTRAPER... TANT ET SI BIEN QUE L'AUTOMNE ARRIVE AVEC SES LONGUES PLUIES ET LES VENTS AIGRES.
ENFIN, UN SOIR ...
XAN ! VIENS, J'AI À TE PARLER.
L'HIVER VA VENIR : IL EST TEMPS DE RENTRER !... ET PUIS J'EN AI ASSEZ DE COURIR LES CHEMINS DE FRANCE ! JE SUIS LAS DE CES GALOPADES ! VEUX-TU REVENIR AVEC MOI À TIFFAUGES ?... POUR LA CHAPELLE !
CERTES ! MAIS, BEAU SEIGNEUR, N'AS-TU PAS OUBLIÉ QUE NOUS NOUS SOMMES PROMIS AVANT TOUT DE VENGER JEHANNE ?...
ET L'OR ? L'OR DE LA RANÇON !? L'OR DU PRIX DE LA PUCELLE ?... À TOUTES CES QUESTIONS NOUS N'AVONS TOUJOURS PAS DE RÉPONSE !
XAN, TU ES ENCORE BIEN JEUNE !... L'EXPÉRIENCE T'APPRENDRA QU'IL EST DES QUESTIONS QUI PARFOIS NE REÇOIVENT JAMAIS DE RÉPONSE ... JAMAIS !
40

LORSQUE L'ARMÉE DE FRANCE REVIENT DE LA CAMPAGNE QUI A RÉUSSI À BOUTER L'ANGLAIS SI LOIN DANS LE NORD, GILLES DE RAIS EST D'HUMEUR DE PLUS EN PLUS SOMBRE.
CE CASTEL, QUELLE BELLE PROIE!
IL DOIT Y ÊTRE ENFERMÉ DES QUANTITÉS DE BONNES CHOSES, BIEN DOUCES!... ON LE PREND?
NON!
PUIS, IL Y A LES IMMENSES FORÊTS À TRAVERSER, AVEC LES BOIS CRAQUANT SOUS LE GEL ET TOUS LES BRUITS INQUIÉTANTS QUI SE RÉPERCUTENT AU LOIN DE FAÇON SI ÉTRANGE.
ENFIN LA NEIGE QUI REND LA MARCHE TELLEMENT DIFFICILE, GLACE LES VÊTEMENTS ET COLLE AUX ARMURES.
AUSSI CHAQUE MATIN, IL EST PÉNIBLE DE QUITTER LES FEUX.
DANS QUELQUES JOURS NOUS ATTEINDRONS LE PAYS DE LOIRE. LÀ, LE TEMPS SERA SÛREMENT MEILLEUR.
LE CIEL T'ENTENDE, CONNÉTABLE!... À PROPOS, JE VAIS RETOURNER CHEZ TOI EN VENDÉE, MAIS POURQUOI TROUVAIS-TU SI DÉPLAISANT QUE J'Y RESTE SEUL, SANS TOI?
PEUT-ÊTRE LE SOUCI DE NE PAS ME SÉPARER DE TOI!
HUM! TON ENVIE DE VOIR S'ÉRIGER LA CHAPELLE PARAISSAIT BIEN PLUS PUISSANTE POURTANT QUELQUE CHOSE D'ENCORE PLUS FORT T'A POUSSÉ À M'ENTRAÎNER COÛTE QUE COÛTE DANS CETTE CAMPAGNE OÙ LA MORT FAILLIT BIEN ME FAUCHER! GILLES, QUEL EST DONC CE MYSTÈRE QUI ASSOMBRIT TA VIE SI VILAINEMENT?... PARLE, JE T'EN CONJURE!
XAN, JE T'AI EN GRANDE AMITIÉ ET TA PRÉSENCE M'EST CHÈRE, MAIS IL SERAIT GRAND MALHEUR QUE SI BONNE AFFECTION SE TRANSFORME EN FURIE DE VENGEANCE. BON COMPAGNON, ÉVITE CELA ET DIS-TOI AUSSI QUE GILLES DE LAVAL, SEIGNEUR DE RAIS, CONNÉTABLE DE FRANCE, N'A AUCUNE EXPLICATION À DONNER POUR QUOI, QUE SOIT À QUI QUE CE SOIT!
41

GILLES, TU N'AS PEUT-ÊTRE POINT D'EXPLICATION À DONNER AUX HOMMES, MAIS À TOI-MÊME ?.... ET À DIEU ?...
DIEU !... J'AI CHERCHÉ ÉPERDUMENT À LUI TENIR DIALOGUE MAIS JE N'AI ENTENDU QUE LA VOIX DU VENT, OU LE SILENCE. SEULE LA VIERGE SAINTE A, PARFOIS, SEMBLÉ RÉPONDRE À MES CRIS ; SEULEMENT QUELQUES FOIS... PAR CONTRE, J'AI RENCONTRÉ PARTOUT LE DIABLE !
SI DIEU SE CACHE DES HOMMES, LUI, LE DIABLE, EST PRÉSENT PARTOUT. AS-TU VU NOS PROVINCES ? AS-TU OBSERVÉ CES VILLAGES QUI FLAMBENT ?
L'HOMME EST PIRE QUE LA BÊTE SAUVAGE QUI TUE PAR FAIM. L'HOMME OCCIT, PILLE, BRÛLE ET TORTURE BIEN SOUVENT PAR HABITUDE, POUR FAIRE MAL, POUSSÉ PAR LE MALIN.
LA TERRE APPARTIENT AUX DÉMONS, ET ILS SONT TELLEMENT NOMBREUX ! SINON COMMENT EXPLIQUER TOUTES CES VILENIES... QUI N'EN FINIRONT SANS DOUTE JAMAIS !
COMMENT EXPLIQUER ENFIN LA FURIE QUI POUSSE AU COEUR, ENFLAMME LA TÊTE ET LES ENTRAILLES ET PROVOQUE LA TERREUR !
ALORS, IL N'Y A GUÈRE D'ESPOIR ?
SI. PEUT-ÊTRE ! MAIS POINT EN CE MONDE !... ALLONS, VIENS, IL EST TEMPS DE PARTIR.
QUE L'ON ÉTEIGNE LES FEUX ET QUE L'OST ME SUIVE.
42
ET APRÈS QUELQUES HEURES...
SEIGNEUR CONNÉTABLE, UNE TROUPE AU-DEVANT.
QUE SONT CES ORIFLAMMES ? ELLES SEMBLENT DE FRANCE.
CERTES, CONNÉTABLE, CE SONT LES GARDES DU ROY.

ET PEU APRÈS ...
SEIGNEUR DE LAVAL, JE SUIS FORT AISE DE VOUS TROUVER SI PROMPTEMENT. MON MAÎTRE, LE ROY CHARLES, M'A COMMANDÉ DE VOUS REJOINDRE EN CAMPAGNE AFIN DE VOUS FAIRE UN PRÉSENT. IL S'AGIT D'UN COFFRE QU'IL SAIT ÊTRE GRANDEMENT PRÉCIEUX POUR VOUS ... IL M'A AUSSI CONFIÉ CE PLI.
DONNE.
TU AS DE LA CHANCE DE RATTRAPER L'OST SI PRÈS DU FLEUVE LOIRE !... BON !... LE ROY M'ENVOIE CE CADEAU POUR CONTINUER LA GUERRE ... PLUS TARD, PLUS TARD !... PEUT-ÊTRE !... EH BIEN, MONTRE-NOUS CET OBJET.
PALSAMBLEU ! MAIS JE LE RECONNAIS !... POSEZ CELA ICI.
OUVREZ-LE.
XAN, REGARDE, C'EST LE COFFRE QUE CE MYSTÉRIEUX ÉVÊQUE TRANSPORTAIT POUR LA COUR DE FRANCE ... TU TE SOUVIENS ?
ÉVIDEMMENT ! C'EST L'OR DE LA CAPTURE DE JEHANNE. L'OR DE LA HONTE ; L'OR DE LA MORT.
ET LE COUVERCLE ABAISSÉ, LA MASSE ÉTINCELANTE APPARAÎT COMME UNE QUANTITÉ DE MORCEAUX DE SOLEIL.
QUE C'EST BEAU ! UNE FORTUNE CONSIDÉRABLE ! DE QUOI PROVOQUER TOUTES LES CONVOITISES !
XAN, QUEL CADEAU EMPOISONNÉ ! C'EST BIEN LÀ LE PRÉSENT D'UN HYPOCRITE ET D'UN CHAFOUIN QUI SE PLAÎT À PROVOQUER, MAIS DE LOIN !... BAST ! MALGRÉ LE PLAISIR QUE ME PROCURE CE MÉTAL, JE N'EN VEUX PAS ... QU'ON LE DISTRIBUE À LA TROUPE, CE SERA UNE EXCELLENTE FAÇON DE LUI DONNER SOLDE ET DE PURIFIER L'OR.
QU'IL EN SOIT FAIT AINSI.
LE PARTAGE DU TRÉSOR EST LONG, FORT LONG !... LE SOIR VENU, LORSQUE LES PREMIERS FEUX S'ÉLÈVENT, LA DISTRIBUTION EST LOIN D'ÊTRE ACHEVÉE ET, CHOSE EXTRAORDINAIRE, LES SOLDATS GARDENT UN GRAND CALME, COMME S'ILS ÉPROUVAIENT UN MALAISE ... OU LA PEUR DE SE BRÛLER LES MAINS !?...

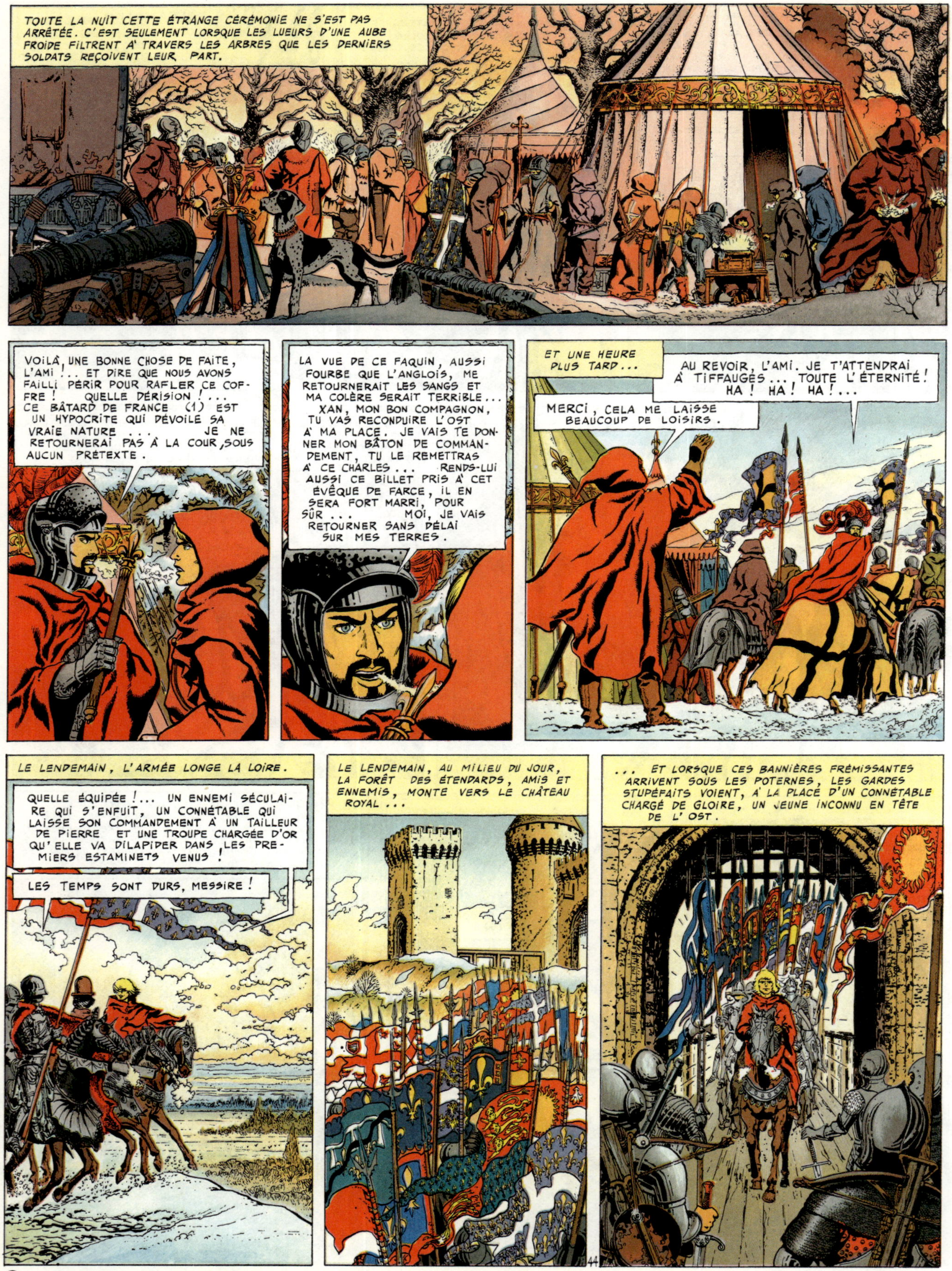

(1) CHARLES VII FUT LONGTEMPS CONSIDÉRÉ COMME ILLÉGITIME.

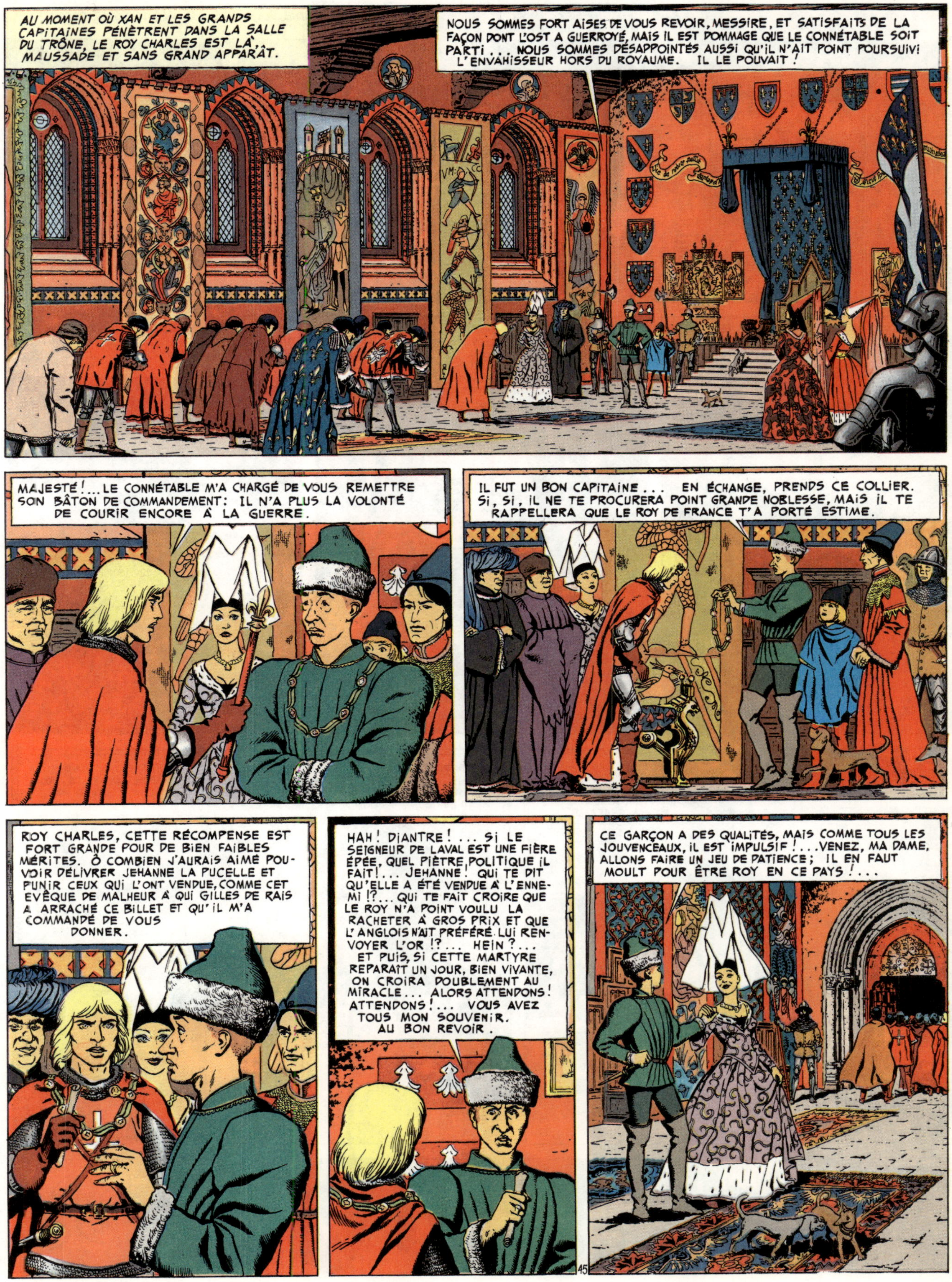
AU MOMENT OÙ XAN ET LES GRANDS CAPITAINES PÉNÈTRENT DANS LA SALLE DU TRÔNE, LE ROY CHARLES EST LÀ, MAUSSADE ET SANS GRAND APPARÂT.
NOUS SOMMES FORT AISES DE VOUS REVOIR, MESSIRE, ET SATISFAITS DE LA FAÇON DONT L'OST A GUERROYÉ, MAIS IL EST DOMMAGE QUE LE CONNÉTABLE SOIT PARTI... NOUS SOMMES DÉSAPPOINTÉS AUSSI QU'IL N'AIT POINT POURSUIVI L'ENVAHISSEUR HORS DU ROYAUME. IL LE POUVAIT !
MAJESTÉ !... LE CONNÉTABLE M'A CHARGÉ DE VOUS REMETTRE SON BÂTON DE COMMANDEMENT : IL N'A PLUS LA VOLONTÉ DE COURIR ENCORE À LA GUERRE.
IL FUT UN BON CAPITAINE... EN ÉCHANGE, PRENDS CE COLLIER. SI, SI, IL NE TE PROCURERA POINT GRANDE NOBLESSE, MAIS IL TE RAPPELLERA QUE LE ROY DE FRANCE T'A PORTÉ ESTIME.
ROY CHARLES, CETTE RÉCOMPENSE EST FORT GRANDE POUR DE BIEN FAIBLES MÉRITES. Ô COMBIEN J'AURAIS AIMÉ POUVOIR DÉLIVRER JEHANNE LA PUCELLE ET PUNIR CEUX QUI L'ONT VENDUE, COMME CET EVÊQUE DE MALHEUR À QUI GILLES DE RAIS A ARRACHÉ CE BILLET ET QU'IL M'A COMMANDÉ DE VOUS DONNER.
HAH ! DIANTRE !... SI LE SEIGNEUR DE LAVAL EST UNE FIÈRE ÉPÉE, QUEL PIÈTRE POLITIQUE IL FAIT !... JEHANNE ! QUI TE DIT QU'ELLE A ÉTÉ VENDUE À L'ENNEMI !?... QUI TE FAIT CROIRE QUE LE ROY N'A POINT VOULU LA RACHETER À GROS PRIX ET QUE L'ANGLOIS N'AIT PRÉFÉRÉ LUI RENVOYER L'OR !?... HEIN ?... ET PUIS, SI CETTE MARTYRE REPARAIT UN JOUR, BIEN VIVANTE, ON CROIRA DOUBLEMENT AU MIRACLE... ALORS ATTENDONS ! ATTENDONS !... VOUS AVEZ TOUS MON SOUVENIR. AU BON REVOIR.
CE GARÇON A DES QUALITÉS, MAIS COMME TOUS LES JOUVENCEAUX, IL EST IMPULSIF !... VENEZ, MA DAME, ALLONS FAIRE UN JEU DE PATIENCE ; IL EN FAUT MOULT POUR ÊTRE ROY EN CE PAYS !...

PRINTED IN BELGIUM BY proost INTERNATIONAL BOOK PRODUCTION